# 指向发展高中学生
# 数学核心素养的教学策略

李洪忠　著

合肥工业大学出版社

**图书在版编目(CIP)数据**

指向发展高中学生数学核心素养的教学策略/李洪忠著.—合肥:
合肥工业大学出版社,2019.1

ISBN 978-7-5650-4378-9

Ⅰ.①指… Ⅱ.①李… Ⅲ.①中学数学课—教学研究—高中
Ⅳ.①G633.602

中国版本图书馆 CIP 数据核字(2018)第 303013 号

## 指向发展高中学生数学核心素养的教学策略

李洪忠　著　　　　　　　责任编辑　王钱超

| | | | | | |
|---|---|---|---|---|---|
| 出　版 | 合肥工业大学出版社 | 版　次 | 2019 年 1 月第 1 版 |
| 地　址 | 合肥市屯溪路 193 号 | 印　次 | 2019 年 7 月第 1 次印刷 |
| 邮　编 | 230009 | 开　本 | 880 毫米×1230 毫米　1/32 |
| 电　话 | 人文编辑部:0551-62903205 | 印　张 | 4 |
| | 市场营销部:0551-62903198 | 字　数 | 92 千字 |
| 网　址 | www.hfutpress.com.cn | 印　刷 | 安徽昶颉包装印务有限责任公司 |
| E-mail | hfutpress@163.com | 发　行 | 全国新华书店 |

ISBN 978-7-5650-4378-9　　　　　　　　定价:39.00 元

如果有影响阅读的印装质量问题,请与出版社市场营销部联系调换。

# 前　　言

　　课堂是由教师、学生和环境组成的复杂的社会系统,师生在课堂中通过相互影响、完成教学活动来达成教学目标。随着社会的快速发展,对学生的素质提出了较高的要求,数学核心素养的提出恰逢其时,是数学课堂教学活动顺利实施的重要保障,同时也保证了学生的身心健康和全面发展。数学核心素养不仅是顺利进行课堂教学和提高课堂教学质量的基本保证,还是促进学生素质全面发展的有效途径。因此,数学核心素养需要教师用一种全新的理念去开展教学。本书首先从数学核心素养的定义出发,从数学抽象能力、逻辑推理能力、数学建模能力等六个角度探讨了数学核心素养的教学方法,并试图构建能适应新课程改革的数学课堂教学模式。

# 目　　录

# 第一章　数学核心素养概述

## 一、高中数学核心素养的概念及理解

2014 年 3 月 30 日,教育部印发《关于全面深化课程改革落实立德树人根本任务的意见》(教基二[2014]4 号)(以下简称《意见》),并正式提出了"核心素养体系"的概念。就数学学科而言,其核心素养主要包括数学抽象、逻辑推理、数学建模、数学运算、直观想象和数据分析等,它们之间既相互独立,又相互交融,从而构成一个统一的整体。

国际学生评估项目(Program for International Student Assessment,PISA)是一项由经济合作与发展组织统筹的学生能力国际评估计划。PISA 认为,数学素养是指个体识别并理解数学在现实世界中所起作用的能力,做出有根据的数学判断能力,以及作为一个有独创精神、关心社会和善于思考的公民,为了满足个人生活需要而运用和从事数学活动的能力。笔者认为,数学素养是指学生通过数学知识与方法的积累与掌握、运用与内化,并在实际情境中从数学的角度去思考问题,用数学的思想去分析问题,用数学的方法去解决问题,从而形成的能力、习惯或品质等。

数学核心素养是指数学学者应具备适应终身发展和社会发展所需的数学品格和数学关键能力,是学生学习数学所应达成的、有特定意义的一种综合性能力,应在教与学的过程中引起教师与学生的关注。数学核心素养是在数学学习过程中形成的,它以数学知识与技能为基础,以运用数学知识与技能去解决问题为表现形式,反映数学的本质与相关思想。

一线教师如何理解数学核心素养,如何在课堂教学实践中改善自己的教学行为,将直接影响学生数学素养的提升。尽管我国学科核心素养的培育方案与方式目前尚在探索中,但在笔者看来,作为高中数学教师,在课堂教学中还是可以有所作为的,而这就要求教师在培养学生数学核心素养过程中要抓住不变量。

## 二、数学核心素养的特征及价值

### (一)数学核心素养的特征

我国学者对数学核心素养进行了积极的研究并总结出数学核心素养的特征,即数学核心素养具有综合性、阶段性和持久性。

综合性是指数学核心素养是一名学生数学核心知识、数学能力、数学思考和数学态度的综合体现。其中,数学核心知识和能力是外在的表现,思考是手段,数学态度是终极目标。在学习的整个过程中,学生除了应用基础的概念、定理和公式外,需要思考如何通过推理来解决数学问题,并掌握解题的基本规律和思路,还要考虑应用怎样的数学思想来解答问题,从而最终形成自身的数学综合能力。通过以上分析我们可以看出,数学核心素养依托数学的核心知识和能力,并在外化与运用基础知识和基本技能来解决问题的过程中帮助学生形成正确的数学态度,最终使其受益终身。

阶段性是指学生的数学核心素养在不同阶段所表现出来的层次不同。对同样的数学问题来说,不同年级的学生会采取不同的解决办法。随着年龄的增长,学生的理解水平和思维的复杂程度会有所提升,这不仅有助于提高学生自身的数学水平,还能使其形成更高层次的数学核心素养。

持久性是指数学核心素养要一直伴随学生的学习来进行,并在未来走向生活及日常工作当中,使他们能够"活到老,学到老"。数学在日常生活中有着巨大的应用价值,人们在工作中以及生活中遇到问题时,会有意识地运用数学的思维方法来进行思考并予以解决。学习的活动不是短暂的、即时性的,而是长久性的。因此,在数学学习中形成数学核心素养非常重要,会使学生终身受益。

（二）数学核心素养的价值

随着人们对数学的日益重视和对数学学科的不断研究,数学核心素养的价值日益凸显出来。

1. 数学核心素养是学生整体能力的标志

数学核心素养是基于理解、计算、抽象建模以及推理等基础知识与内容之上而形成的,能够体现学生对数学知识在现实应用中的理解与认识。其中,数学核心素养与学生的知识技能、探究能力和解决问题的能力密切相关。

2. 数学核心素养能够培养学生的数学观

数学观简单来说就是回答"数学是什么",也是人们以哲学观点为基础对数学的概括认识。其中,数学抽象能够帮助学生理解数学概念、定理及相应的公式,提升学生的理解能力,是学生形成数学观的前提;逻辑推理(主要包括类比、归纳、演绎等)是通过推理的方式将数学知识与学生进行有机衔接,以便让学生形成完整的数学观;数学建模是从题干的材料中抽取或简化出数学模型,并从数学的视角来解决实际问题,从而提升学生的应用能力和实践能力;直观想象通过将"数"与"形"有机结合来达到简单做题的目的,以提升学生解题的准确性,并缩短学生解题的时间;数学运算和数据分析是培养学生的数学意识,并帮助他们顺利解答数学试题。

3. 数学核心素养能够指导教师深入进行教学实践

教师深入进行教学实践,一方面符合国际上发达国家对学生整体能力的要求,另一方面还能为教师的教学提供一些可借鉴的内容。对教学而言,数学核心素养已经成为国内外的研究潮流,教师需要借助核心素养来开展教学研究改革,提升课堂教学实践经验。在数学核心素养的大背景下,教学设计更加注重体现学生的整体思维,提升学生的综合素质和能力,而教学评价则侧重从维度和梯度来进行优化设计。

# 第二章　数学抽象能力的形成

数学抽象能力是高中生必不可少的一项能力,应引起广大教师的普遍关注,因为它是数学核心素养之首。概念的形成是最典型的数学抽象能力,本章以概念的形成为主要切入点,对数学抽象能力的形成进行论述。

## 第一节　抽象能力研究的背景及意义

"抽象"一词最早来源于拉丁语中"abstracio"一词,它表示排除、抽取的意思。从古至今,无论是数学家还是哲学家,都认为数学的本质是在研究抽象的东西,而辞海中将数学抽象描述为"数学哲学的基本概念,是指抽取出同类数学对象的共同的、本质的属性或特征,舍弃其他非本质的属性或特征的思维过程。"对数学抽象而言,它具有数量化、符号化和公式化的特点,而这就决定了学生在学习时具有较高的难度。

数学抽象的基本形式分为两种,一种是从现实直接抽象,在实际的现象中排除一些性质,剩下的即为我们所需要的性质;另一种是进行概括归纳,即提取出事物的一般属性或本质属性,然后再进行处理,这就是抽象能力。数学抽象能力是学生做题最起始的一步,因此如何提高学生的数学抽象能力就成为数学教育亟待解决的重要问题,即只有当学生具备了一定的数学思维水平和抽象能力后,才能透过题干和生活的表象来看到内在的本质,最终获得事物或对象的本质特征及属性。随着新课程改革的深入,教师的教学目标从知识的传授转变为探究,而这一过程的转变对于学生养成终身学习的习惯和能力都是十分重要的。

抽象能力处于数学核心素养的第一位,这也体现出它的重要性。数学抽象是指去掉事物的其他属性,只研究它的数学特性,主要包括两个方面。第一,从数量和图形的关系中抽象得到数学的概念及关系。第二,从事物的具体背景中抽象得到规律和结构,然后再运用数学的符号和语言进行表示。针对落实"数学抽象"素养,数学课程标准指出:"在培养学生数学抽象核心素养的形成过程中,教师要让学生积累从具体到抽象的经验活动,这样他们才能更好地理解数学概念、数学命题、数学方法及其体系,才能通过抽象或概括去认识、理解和把握事物的数学本质,才能逐渐养成一般性思考问题的习惯,才能在其他学科的学习中主动运用数学的抽象思维方式来解决问题。"

最能体现抽象能力的教学就是学生的概念形成过程。在我国传统的数学教学中,教师往往注重对学生的"双基"教学,即基础知识和基本技能的教学,并以高考成绩作为教学质量高低的衡量标准,而忽略了最需要得到关注与重视的数学学习过程。在旧的教学模式中,教师往往采用"灌输式"的教学,即要求学生掌握相关内容,片面地强调数学"双基",而忽视了启发他们进行思考活动。事实上,教师需要注意数学学科具有抽象性、逻辑性和严谨性的特点,这就要求学生具备较高的数学思维能力和较强的综合能力,这也是影响他们学好数学的主要因素。综合上述原因,再加上高中生的课业任务繁重、学习内容抽象等,就导致部分学生觉得数学枯燥无味,很难听懂教师的授课内容。长此以往,学生的学习积极性和主动性就会大大降低,进而使其"被动学习"多于"主动探索",发展到最后只能是机械式地套用公式来进行学习。在新课程标准的要求下,学生要能够提升自身构建知识系统的能力,这就要其主动理解一些抽象的事物,从而达到最终提升自身的抽象概括能力的目的。

对于高中生而言,高考是检验自身学习成果的重要手段,也是人生中的重要一步。因此,学生面对高考,既是其自身学习的动力,又是其学习的压力。目前,我国数学教学中应试成份占到了极大的比重,高考也是影响高中教学的最大因素,很多的学校和教师只是注重于片面追求高考成绩,通过提高"升学率"来打响学校和个人的知名度,忽视了学生个性和基本素质的培养,从而导致学生没有自主的思考能力。在科学研究中,科学家一般先对事物进行感性认识,然后将其升华到理性认识,最后再透过现象得到本质,从而达到触类旁通、举一反三的目的。在日常的学习过程中,很多学生也有类似的感受,即感觉很明白也能够熟记教材中的概念和定理,但只是掌握了表面的基础知识和技能,并没有提升自己的数学思维,这就会导致学生在遇到公式或概念的变形时无法进行有效的解答,从而让学生在考试中丢失分数。

高中数学具有抽象度较高的特点:一方面,学生要具备一定的抽象能力才能把它学好;另一方面,教师要注重在教学中培养学生的抽象能力,使其能够具备自主学习的能力。其中,数学核心素养的抽象能力是当前高中生最需要提高和培养的基本素养之一,而这就需要广大教育工作者尤其是高中数学教师,在课堂授课环节中要有针对性地培养和提升学生的数学抽象素养,并帮助他们完善自身在学习中的弱点,从而提升其整体素质。

近年来,如何培养学生的抽象能力,国内外很多学者做了深入的研究。这些研究主要从两个方面来进行,一是对数学抽象的方法、内容和形式等方面进行深入的讨论;二是从培养学生抽象能力的方法入手进行探讨。

孔凡哲对数学抽象的概念进行了相关界定,论述了培养数学抽象能力所需要的一般步骤及教学过程中需要注意的问题。廖六生的研究成果阐述了各界对数学抽象的认识,从数学抽象的主要表达形式、合理性、作用及感悟等方面入手来进行探讨,从而有助于教师形成整体的思维。覃冬季结合了课堂教学中的问题,注重讲授如何培养学生的抽象思维,并提出了培养的方法,即首先要将生活中的感性材料与形象思维结合,并运用类比等数学手段对学生的知识进行迁移;然后进行具体结合,从实际中的具体事物出发,达到抽象理论的高度,进而抽象得出概念与结论之间的关系,从而让学生得到事物的共性,最终使其能够将所学的数学知识应用在实际中,解决遇到的问题。

概念教学的过程是最典型的数学抽象的过程,概念又是高中数学的重中之重,教师必须重视概念的教学。

# 第二节　抽象能力之概念教学

## 一、概念教学的定义及地位

概念是主观的抽象形式与客观的具体内容的有机辩证统一,也是人们认识事物的根本属性,其本身具有概括性和抽象性的特点。数学概念则是现实世界中的空间形式与数量关系的本质特征在人脑海中的反映。在数学学习中,人们通常会保留事物的本质属性,如形状、大小、位置关系等,而非本质属性(如颜色、气味等)则会被排除掉。客观事物的本质属性和非本质属性彼此交织、相互掩盖,因此这就需要教师教授学生利用抽象的方法来去粗取精,最终得到事物的本质。

俗话说"基础不牢,地动山摇。"数学概念在整个数学知识体系中处于基础的地位,因此学生要想深入了解和认识数学,就需要学好概念,并在此基础上深挖其他内容。学习概念,最重要的就是获得和深入理解概念,然后通过类比和知识迁移的过程来学习新概念。同时,教师还要培养学生的应用能力,从而使他们能够将所学的知识应用在生活实际中,提升其联想、分析和解决问题的能力。

## 二、概念教学的过程

数学概念反映的是事物对象的空间形式和数量关系的本质属性,有的概念可以从实际现象直接抽象得到,而大部分的数学概念则需要经过多级的抽象过程才能得到。其中,数学符号是数学内容的表示形式,也是进行数学推理的桥梁。在实际教学中,学生探究概念形成过程就是对数学概念理解和掌握的过程,而这个过程分为概念形成和概念同化。概念形成是从生活中的大量同类型的事物出发来抽象得到事物的本质属性,进而得到概念的过程,即学生在学习的过程中,通过概括、归纳、类比等方式来抽象得到事物的定义。概念同化是指在课堂中,用定义的方式(或体现在上下文中)直接向学生揭示概念的关键特征,然后学生利用认知结构中原有的相关概念来同化新知识概念,从而获得科学概念(或二级概念)的过程。

在讲课过程中,教师要以数学概念的形成过程为授课重点,使学生具备抽象的能力,从而培养他们的数学抽象素养。概念的教学则依靠教师清晰的逻辑思维,通过对事物进行客观的分析、比较和抽取本质属性,舍弃其非本质属性,并将认识的高度从形象、具体提升到抽象概括,从而让学生形成数学概念,最终提升教师课堂的教学水平。主抓概念教学,教师就能够让学生经历较为完整的数学抽象过程。长此以往,学生就会学会数学抽象的"基本套路",从而有助于数学抽象思维的培养和提升。笔者综合实际的授课经验,总结出数学概念的学习要经历以下几个过程(如图2-1所示)。

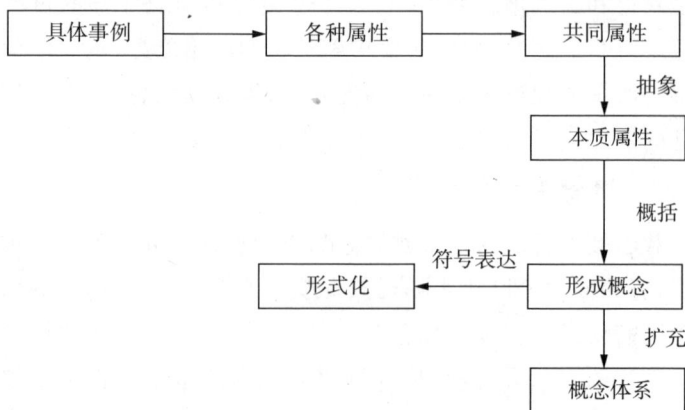

图2-1 概念教学的过程

## 三、概念教学的方法

(一)注重新旧概念之间的联系

在授课过程中,教师要讲清楚概念的来源和形成过程。概念具有严密性和抽象性的特点,所以学生在旧的学习模式中只能被动地听取教师的讲授,并对教师产生依赖的心理,不利于培养他们的创新意识和能力。在此情况下,教师不妨创设一些问题情境来引导学生进行探究,从而使他们经历发现、创新和获取的过程,最终让其得到正确的数学概念。

在引入新概念时,教师要将其与旧概念进行联系;在教授概念时,教师要为学生留下充足的思维空间和时间,并且多角度、全方位地让学生进行思考,引导他们提出有价值的问题;在形成概念时,学生要自觉地对内容进行思考,构建新的概念,还要辨识概念、大胆质疑,然后通过问题来促进自己的进步。

（二）借助现代化的教学手段

随着科技的快速发展,计算机已经成了高中数学教学的标配,因此教材与计算机的有机融合也成为高中数学概念教学的重点内容。借助现代化的教学手段,教师可以加快教学的进度,更清晰、直观地为学生展示概念的形成过程。需要注意的是,在教学中不能一味地运用计算机技术,而要注重课堂教学的效果和质量,即除了一些不得不运用的概念外,教师用传统的粉笔和黑板教学有时候会起到更好的效果,还能够集中学生的课堂注意力。

## 四、概念教学的注意事项

在概念的教学中,教师必须重视概念的形成过程,引导学生亲身经历,还要追求自然形成,以便使其能够真正掌握数学概念。具体来讲,教师要注意以下三个方面。

（一）注重概念的探究和形成

从数学的发展史来讲,每个概念都有着自己的故事和经历。因此,教师在教学中要重视讲授概念的形成过程,并以此来激发学生学习的积极性,引导他们发现概念的形成,然后在感性认识的基础上来构建数学概念。如质能守恒定律,它刷新了人类的世界观,深刻地揭示了质量与能量之间的关系,在此之前,人们毫无疑问地认为:质量是质量,能量是能量,两者间没有任何联系,但在相对论的力学中,能量和质量是可互换的。其实,爱因斯坦并没有证明 $E=mc^2$。他曾经做过近似处理,因此他只是证明了 $E\approx mc^2$（也就是说,能量与物质大体等价）,而并没有真正确定这一近似计算的误差是多少。爱因斯坦当时的想法可能是这样的:为什么要用迂腐的数学证明来糟蹋这样一个"很有趣、很有感染力"的想法呢?当然,后来爱因斯坦和其他人也曾回过头来对这个最重要的原理进行了更为严格的论证。

(二)注重概念的抽象和表达

数学概念是学生提升思维能力的一个载体,存在于高中数学的各个章节,位于数学知识体系的基础层次,因此教师要帮助学生夯实基础概念。首先教师对概念的教学要准确、深入,否则学生就会产生误解。如在讲解弧度时,笔者就为学生讲解了概念,指出当圆的半径为 1 时,圆心角所对的弧长就是这个角的弧度值,在单位圆中,长度为 1 的弧所对应的圆心角称为 1 弧度角。此外,笔者还会在教学中通过三角函数、简谐运动来讲解弧度制的意义,使学生体会角度单位和长度单位统一的意义。

(三)注重概念的运用和提升

概念源于生活,因此教师要引导学生运用概念的思维去解决问题,以提升学生的思维能力和数学核心素养。下面,笔者将以"函数概念"为例来说明此观点。

**例 1** 如果一系列函数的解析式相同,值域相同,但其定义域不同,那么这些函数称为"同族函数",函数解析式为 $f(x) = x^2$,值域为 $[1,4]$ 的"同族函数"共有( )。

A. 7 个      B. 8 个      C. 9 个      D. 10 个

**例 2** 已知两个函数 $f(x)$ 和 $g(x)$ 的定义域和值域都是集合 $\{1,2,3\}$,其定义如表 2-1 和表 2-2 所示,请填写表 2-3 所示的 $g[f(x)]$,其三个数依次为( )。

表 2-1 $f(x)$ 的定义域及值域

| $x$ | 1 | 2 | 3 |
|---|---|---|---|
| $f(x)$ | 2 | 3 | 1 |

**表 2 - 2 $g(x)$的定义域及值域**

| $x$ | 1 | 2 | 3 |
|---|---|---|---|
| $g(x)$ | 1 | 3 | 2 |

**表 2 - 3 $g[f(x)]$的定义域及值域**

| $x$ | 1 | 2 | 3 |
|---|---|---|---|
| $g[f(x)]$ | | | |

A. 3,1,2  B. 2,1,3  C. 1,2,3  D. 3,2,1

**例 3** 定义 $\max\{a,b,c\}$ 表示 $a,b,c$ 三个数中的最大值，$f(x)=\max\{(\frac{1}{2})^x, x^{-2}, \log_2 x(x>0)\}$，则 $f(x)$ 的最小值所在范围是（　　）。

A. $(-\infty,-1)$  B. $(-1,0)$  C. $(0,1)$  D. $(1,3)$

**例 4** 在平面直角坐标系中，横坐标、纵坐标均为整数的点称为整点，如果函数 $f(x)$ 的图像恰好通过 $n(n\in N_+)$ 个整点，则称函数 $f(x)$ 为 $n$ 阶整点函数。下列函数中是这一阶整点函数的是_____。（写出所有正确结论的序号）

① $f(x)=\sin 2x$；② $g(x)=x^3$；③ $h(x)=(\frac{1}{3})^x$；④ $\varphi(x)=\ln x$。

**例 5** 某西部山区的某种特产由于运输的原因，长期只能在当地销售。一直以来，当地政府通过投资对该特产的销售进行扶持，已知每投入 $x$ 万元，就可获得纯利润 $P=-\frac{1}{160}(x-40)^2+100$ 万元（已扣除投资，下同）。当地政府拟在新的十年发展规划中加快发展此特产的销售，其规划方案为：在未来 10 年内对该特产每年都投入 60 万元的销售投资。其中，在前 5 年中,每年都从 60 万元中拨出 30 万元用于修建一条公路,公路 5 年建成,在通车前该特产只能在当地销售;公路通车后的 5 年中,该特产既可以在本地销售,又可以在外地销售,其在外地销售的投资收益为:每投入 $x$ 万元,可获纯利润 $Q=-\dfrac{159}{160}(60-x)^2+\dfrac{119}{2}(60-x)$ 万元。问:仅从这 10 年的累积利润看,该规划方案是否可行。

通过上面五个例题可以看出,应用概念解决问题可以让学生深化对概念的理解并加以熟练应用,从而真正达到掌握相关知识的目的,最终达成相应的教学目标。

# 第三节　抽象能力培养的案例及反思

高中生抽象能力的培养需要广大教师将其落实在日常教学的点点滴滴。下面,笔者就通过三个教学片段来展示核心素养之抽象能力的教学案例。

## 一、"任意角三角函数的概念"教学片段

（一）创设教学情境,引导学生思考

新课程标准指出,在三角函数的教学中,教师要根据学生已有的实际经验,创设出与之相应的情境,以使学生能够体会三角函数模型的意义。三角函数是周期性函数,因此笔者会选取一个周期性运动的教学情境来作为教学导入的案例,如游乐场中的摩天轮。于是,笔者就创设出以下情境:星期天的上午,小红带着妹妹到游乐场去玩……

问题 1:当妹妹进入摩天轮后,开始转动,小红关心的是什么?

设计意图:学生通过自主观察,发现摩天轮的不断旋转,对妹妹的位置变化形成认识,然后通过抽象活动,将形象的摩天轮运动视为一个圆,而妹妹则抽象成圆弧上的一个点,这样,妹妹随着摩天轮的运动就会被视为一个质点在圆周上进行运动,妹妹在哪里,就可以视为圆弧上点的位置,从而通过学生的探究来得到刻画的方法,即有序数对 $(r,\alpha)$ 能够视为某一点 $M$,有序数对 $(x,y)$ 也能够视为某一点 $M$,这有助于培养学生形成抽象能力。

问题2:当摩天轮进行转动后, $r,\alpha,x,y$ 这四个量会有怎样的变化?

设计意图:随着问题1的深入出现了问题2,学生能够直观地体会点 $M$ 的变化运动过程,发现 $r,\alpha,x,y$ 这四个量中变化的量,从而培养他们形成直观想象能力。

问题3:改变在本质上是由哪个量变化所引起的?

设计意图:设计本问题的目的是为了明确四个量中哪个量在变化中起到了关键性作用,在明确 $\alpha$ 的关键性作用后,后续讲授的定义中,比值会随着 $\alpha$ 的变化而产生变化,即为确定 $\alpha$ 是自变量而埋下一些伏笔,从而培养学生的逻辑推理能力。

(二)合作探究,师生交流

问题4:当 $\alpha$ 改变时, $r,x,y$ 这三个量与 $\alpha$ 之间存在怎样的关系?

设计意图:随着问题4的提出,本节课的核心问题就会出现,即寻求这四个量之间的关系,进而引导学生进行自主探究。笔者通过问题2→问题3→问题4的顺序,提高问题的难度,层层推进,从而使学生感觉问题呈现螺旋上升状态。

问题5:当 $\alpha$ 为锐角时, $r,x,y$ 这三个量与 $\alpha$ 有什么关系?

设计意图:搭建学习构架,引导学生之间进行合作、探究,从他们最熟悉的锐角进行探究,在初中所学的直角三角形中边角关系的基础上得到 $\sin\alpha=\dfrac{y}{r}$,$\cos\alpha=\dfrac{x}{r}$,$\tan\alpha=\dfrac{y}{x}$。笔者通过先建立三角函数的数学形式,目的是培养学生的数学构建能力及转化的思维。

问题 6:$\dfrac{y}{r}$ 的大小与点 $M$ 的位置是否有关?$\dfrac{x}{r}$ 和 $\dfrac{y}{x}$ 也是否相关呢?

设计意图:引导学生通过小组合作,经过彼此之间的思维碰撞来证明比值的唯一性,即与点 $M$ 在角的终边上位置无关。随后,笔者通过几何画板来演示说明,随着锐角大小的变化,比值也会随之产生变化,而一个锐角角度对应着唯一的一个比值,进而使学生得到对应锐角的三角函数,从而培养他们的数学建模能力。

问题 7:当 $\alpha$ 的终边处于第二象限时,$r,x,y$ 这三个量与 $\alpha$ 有什么关系?当 $\alpha$ 的终边位于第三象限、第四象限时呢?

设计意图:由个体到普遍的推广,通过几何画板的演示,学生可以对问题 6 所得到的结论进行观察、分析和概括,进而得到一般性的结论。

问题 8:大家刚才发现了这样的规律,即 $\dfrac{y}{r}$ 随着 $\alpha$ 的变化而产生变化,这与我们以前学过的哪些概念知识相关呢?

设计意图:学生需要结合以前学习过的函数概念来构建任意角三角函数的概念,进而达到知识迁移的目的,从而让学生形成迁移的意识。

问题 9:大家能否使用函数的概念对它进行一些完整的解释说明?

设计意图:引导学生通过概括来得到教材中的概念,使他们能够用数学的语言进行表达。

（三）构建知识，提升能力

一般来讲，对任意角 $\alpha$ 来说，我们这样规定：比值 $\dfrac{x}{r}$ 称为 $\alpha$ 的正弦，记为 $\sin\alpha$，即 $\sin\alpha=\dfrac{x}{r}$；比值 $\dfrac{y}{r}$ 称为 $\alpha$ 的余弦，记为 $\cos\alpha$，即 $\cos\alpha=\dfrac{y}{r}$；比值 $\dfrac{y}{x}$ 称为 $\alpha$ 的正切，记为 $\tan\alpha$，即 $\tan\alpha=\dfrac{y}{x}$。$\sin\alpha$，$\cos\alpha$ 和 $\tan\alpha$ 分别称为是 $\alpha$ 的正弦函数、余弦函数和正切函数，统称为三角函数。

剖析：①任意角 $\alpha$ 的三角函数值只与 $\alpha$ 有关联，而与点在角的终边位置无关；②角的集合与实数集之间可以建立一一对应的关系，因此三角函数可以视为是自变量为实数的函数。

问题10：大家在刚才的学习过程中，发现了哪些三角函数的规律？

设计意图：学生通过总结三角函数的定义来归纳三角函数在各个象限的符号规律，从而形成抽象的能力。

（四）当堂练习，学会应用

**题1** 若 $\alpha$ 为第四象限角，则 $2\alpha$ 在_____。（填终边所在的象限）

**题2** 若点 $P(-3,4)$ 在角 $\alpha$ 的终边上，则 $\cos\alpha=($   )。

A. $-\dfrac{3}{5}$     B. $\dfrac{3}{5}$     C. $-\dfrac{4}{5}$     D. $\dfrac{4}{5}$

**题3** $\alpha=2°$，则 $\alpha$ 所在象限角为(   )。

A. 第一象限                 B. 第二象限

C. 第三象限                 D. 第四象限

**题4** 请判断下列命题的真假。

① 三角形的内角是第一象限角或第二象限角。

② 第一象限的角是锐角。

③ 第二象限的角比第一象限的角大。

## 二、"直线与平面垂直的定义"教学片段

新课程标准指出,数学立体几何教学要采用直观感知、思维辩证、操作确认等方法来培养学生探究问题、推理论证和空间想象能力,从而使他们能够自主认识和探索空间图形的概念及性质。在本例的教学中,笔者以问题探究为主线,通过师生互动的教学方式来帮助学生构建概念,从而发展其空间想象能力,最终提升他们的数学核心素养。

(一)创设情境,感知概念

展示图片:①意大利的比萨斜塔;②学校门口的门柱与地面;③天安门广场上国旗柱子与地面。

问题1:大家想象下,这些图片中的直线与地面有怎样的第一直观印象? 能否举一些日常生活中常见的直线与平面有关系的案例?

设计意图:通过直线的斜交和垂直两种实例,学生对比图片在脑海中形成初步的认知,通过两幅垂直图片的实例,学生能够强化对"垂直"概念的认知,从而为接下来的定义做好铺垫。这种通过生活化实例引入的概念,学生能够很容易地理解,不仅有助于将生活素材与数学知识融为一体,让学生感受到数学的巨大应用价值,还有助于学生以数学的眼光和思维来看待和分析世界。

(二)设置问题,共同探究

问题2:圆锥的底面是如何形成的?

问题3:圆锥的轴和它底面的半径存在何种关系?

问题4:圆锥的轴与它底面内过中心的任意一条线是什么关系?

问题5:圆锥的轴与它底面内不过中心的任意一条线是什么关系?

设计意图:明确要研究的问题、方法,学生通过亲自实验操作来探究发现直线与平面垂直的本质,通过具体、形象的实例来探究概念,并借助已有的直观经验,通过感性认识过渡到抽象过程,从而提升直观想象和数学抽象的能力。

(三)观察归纳,构建概念

归纳:圆锥的轴垂直于底面内的任意一条直线。

定义:如果一条直线垂直于平面内的任意一条直线,那么这条直线垂直于平面。

问题6:大家看下定义,其中的关键词有哪几个?

问题7:任意是否等价于所有? 任意等价于无数吗?

设计意图:学生自主探究并归纳直线与平面垂直的定义,形成抓住本质表达的能力,通过其中的"任意"与其他词比较来培养学生的逻辑推理能力。

### 三、"直线的斜率"教学片段

新课程标准指出,解析几何的本质是用代数的方法来研究图形的几何性质,体现数形结合的数学思想,即几何问题代数化,运用代数的语言来描述几何要素及其关系,进而把几何问题转换成代数问题,分析代数结果的几何含义,最终解决几何问题。这种数学思想始终贯穿几何教学的整个过程,从而使学生能够体会到"数形结合"的思想,最终让学生形成运用代数方法来解决几何问题的能力。

(一)创设情境,吸引眼球

问题1:请大家画出 $y=x+1$,$y=2x+1$,$y=-2x+1$ 的图像。

设计意图:从已经学过的一次函数来入手,画出函数的图像,探究得到决定直线的要素,即两个点(几何要素)。

(二)观察对比,自主探究

问题2:确定直线的要素是什么?

问题3:观察已画出的三条直线,它们之间存在着哪些异同点?

问题4:如果只是给出一个点的坐标,要画出一条直线,还需要增加怎样的条件?

设计意图:通过对问题2、3、4层层递进的探究,学生能够明确直线的要素,即根据两个已知点来确定一条直线或者一个点与已确定直线的方向来确定一条直线。

问题5:如果用数学的语言来描述直线的方向,如何进行描述?

问题6:点在直角坐标系中可以用坐标来进行表示,直线的倾斜度能够用坐标进行表示吗?

设计意图:激发学生的学习兴趣,激发他们的探究欲望。

笔者出示两幅楼梯的图片,长度和高度都一样,只是阶梯数量不同,学生要以这两个楼梯为例进行探究。

设计意图:培养学生运用数学思维来分析问题,并用数学眼光来看待问题。

(三)合作探究,师生互动

问题7:大家想象一下,楼梯的倾斜程度如何刻画?

问题8:楼梯的坡度如何进行计算?

问题9:倾斜程度与楼梯坡度之间存在怎样的关系?

生:根据给出的图片,如果楼梯的宽度都保持不变,台阶的高度越高,则楼梯就会越陡,即坡度越大,楼梯的陡度越大。

设计意图:高中生已经掌握了坡度的概念,而本质上坡度与斜率是完全相同的,因此笔者就把坡度作为引入斜率概念的切入点,这有利于学生顺利地掌握教材的内容。本节课程的重点就是如何在坡度的基础上引导学生构建出斜率的概念。

(四)数学抽象,形成能力

问题10:如果我们把坡度面视为一条直线,那么楼梯的坡度就能够表示为直线的倾斜程度。根据以前学过的知识,我们可以将楼梯的坡度表示为台阶的高度除以台阶的宽度,通过迁移类比,假设将坡度直线放置于直角坐标系之中,在直线上取不同的两个点 $P(x_1,y_1),Q(x_2,y_2)$,其中 $Q$ 点所处的台阶要高于 $P$ 点所处的台阶,那么,"级高"和"级宽"如何表示呢?

生:$y_2-y_1,x_2-x_1$。

(五)概念构建,培养思维

问题11:你能否表达它们之间的关系?

生:这样直线的倾斜程度为 $\dfrac{y_2-y_1}{x_2-x_1}$,我们将这个比值称为直线 $PQ$ 的斜率,记为 $k=\dfrac{y_2-y_1}{x_2-x_1}=\dfrac{\Delta y}{\Delta x}$。(用数学的语言来表达问题)

问题12:如果有一条不与 $x$ 轴垂直的直线,那么比值 $\dfrac{y_2-y_1}{x_2-x_1}$ 与 $P,Q$ 两点的位置是否相关?

设计意图:学生可以自己发现并证明斜率的唯一性,从而提升数学推理的能力。

生:根据以往的相似三角形,$\dfrac{y_2-y_1}{x_2-x_1}$ 的值与 $P,Q$ 两点的位置是没有任何关系的,这就说明:直线如果不与 $x$ 轴垂直,那么它的斜率就为定值,也就表明老师的思路完全正确。

问题13:如果 $x_2=x_1$,那么直线 $PQ$ 的斜率会怎样?

生:$PQ$ 的斜率会不存在,即直线 $PQ$ 处于垂直 $x$ 轴的状态。

问题 14：如果 $y_2 = y_1$，那么直线 $PQ$ 的斜率会怎样？

生：$PQ$ 的斜率为 0，即直线 $PQ$ 处于垂直于 $y$ 轴的状态。

问题 15：如果要求某一条直线的斜率，那么需要怎样的条件？

生：需要求取直线上任意两点的坐标。

设计意图：通过对上述问题的分析，学生能够进一步加深对教材内容的理解，形成较为严谨的数学思维。

（六）当堂测验

**题 1** 下列四种说法中不正确的是（ ）。

A. 每一条直线都有倾斜角

B. 过点 $P(a,b)$ 且平行于直线 $Ax+By+C=0$ 的直线方程为 $A(x-a)+B(x-b)=0$

C. 过点 $M(0,1)$ 且斜率为 1 的直线仅有 1 条

D. 经过点 $Q(0,b)$ 的直线都可以表示为 $y=kx+b$

**题 2** 若直线 $l$ 经过两点 $(-1,2),(-3,4)$，则直线 $l$ 的倾斜角为（ ）。

A. $45°$　　　　B. $60°$　　　　C. $120°$　　　　D. $135°$

**题 3** 已知过点 $A(-2,m)$ 和 $B(m,4)$ 的直线与直线 $2x+y-1=0$ 平行，那么 $m$ 的值为_____。

**题 4** 已知直线过点 $M(-4,3)$ 和 $N(2,15)$，则直线的斜率为_____。

**题 5** 已知过点 $A(-2,m)$ 和 $B(m,4)$ 的直线为 $l_1$，直线 $2x+y-1=0$ 为 $l_2$，直线 $x+ny+1=0$ 为 $l_3$，若 $l_1 // l_2, l_1 \perp l_3$，则实数 $m+n$ 的值为_____。

## 四、教学反思

在数学概念教学中，教师要重视学生的概念形成过程，在此

过程中要有意识地提升学生的抽象思维能力,加强学生对概念的理解和掌握,这样有助于提高学生学习数学的积极性,调动课堂教学的氛围,从而为提高课堂学习的质量和提高学生的数学成绩打好基础。在授课的过程中,概念的教学不可一带而过,这就需要教师引导学生经历概念的抽象过程,从而真正将抽象能力的培养落实到教学的每一节课中。

当然,在教学过程中,教师仍然会存在一些不足,如授课的深度和广度不足,教学的内容不够新颖,学生的课堂接受能力较低,等等。而这些问题的解决就需要各位教师的不断努力。

# 第三章 逻辑推理能力的形成

逻辑推理是指从一些事实和命题出发,依据逻辑规则推出一个命题的思维过程。它主要包括两类:一类是从特殊到一般的推理,推理形式主要有归纳、类比;一类是从一般到特殊的推理,推理形式主要有演绎。

## 第一节 逻辑推理能力的必要性

随着社会的快速发展,人们越来越重视学生逻辑能力的发展,而数学教育是对学生进行逻辑训练的课程之一,也是培养和发展逻辑思维的主阵地。所以,在高中阶段,教师通过数学课程向学生讲授较为初步的逻辑知识,以提升他们的逻辑思维能力,进而加深学生对数学内容的理解程度,帮助他们避免出现逻辑性错误。高中数学中的"简易逻辑"部分的内容与其他学科的知识有着紧密的联系,也是学好其他学科的基础,因此,教师要重视培养学生的逻辑判断能力和逻辑推理能力。

其实,逻辑部分的知识在 20 世纪 90 年代就已经出现在了我国数学教材中。随着教材版本的改动,逻辑越来越受到教材编制者的喜爱。进入 21 世纪后,高中数学教材版本将"集合与简易逻辑"这一部分内容安排在教材的第一章,这也体现出逻辑的重要性。在之后的一系列改版教材中,逻辑部分的内容变得越来越充实。

随着核心素养观念的提出,教育部明确指出了学生逻辑推理能力的重要性,因此教师要培养学生合理的推理能力并提升创新能力。在推理的过程中,学生能够感受到知识的形成过程,而这也有助于提高其自身的数学素养。

# 第二节 高中数学中逻辑的内容

## 一、高中数学逻辑基本内容的分析

新课程标准要求学生能够体会到逻辑用语在数学表述和论证过程中的重要作用,并能够掌握和应用逻辑用语来准确地表达数学内容,从而更加方便地进行交流。同时,新课程标准还要求学生能够熟练地应用逻辑知识对一些命题间的逻辑关系进行分析和推理,以便更好地与他人进行交流。

笔者根据上述要求认为,在高中数学教学中应当选取以下两部分内容。

第一,常用的逻辑用语:命题;简单的逻辑用语;量词及命题的否定;四种命题及它们的相互关系;充分、必要条件。

第二,逻辑推理过程:三段论推理;合情推理;思维要符合逻辑。

对于逻辑来讲,三段论推理是其中最主要的内容,也是数学学科区别于其他学科的地方。如果没有推理,那么整个逻辑就会黯然失色。三段论是有效推理的重要形式,在日常生活中有着大量的应用。鉴于此,教师在授课过程中要结合生活素材和教材内容对三段论推理进行简要介绍,以使学生对逻辑知识既有初步的感性认识,又对其应用有所体会。

合情推理是逻辑推理的另外一种形式,新课程改革对于这一推理予以足够的重视。因此,教师在授课中要注重培养学生的创造性思维,并适当地为他们介绍类比、归纳等合情推理的方法,从而提高学生的探究和分析的能力。

在进行论证的过程中,命题人经常会用混淆概念、偷换命题的方式来将学生引入错误的思维途径中,导致学生在考试中丢失一部分应得的分数。因此,教师在教学中一方面要研究学生的思维规律,另一方面要增强他们思维的准确性,从而使每个人都能够进行合理地推理论证。

## 二、高考对数学逻辑能力的考查

高考是目前公平、公正程度最高的一门选拔性考试,最能体现国家对各个科目的要求和指导思想,也反映着考试的范围和重点。历年的考试试题,是专家经过反复推敲编制得到的,也能够反映出逻辑在数学中所占的地位。

题 1 (2017·北京)设 $\vec{m}, \vec{n}$ 为非零向量,则"存在负数 $\lambda$,使得 $\vec{m} = \lambda \vec{n}$"是"$\vec{m} \times \vec{n}$"的(　　)。

A. 充分而不必要条件　　　B. 必要而不充分条件

C. 充分必要条件　　　　　D. 既不充分也不必要条件

题 2 (2017·新课标Ⅱ)甲、乙、丙、丁四位同学一起去向老师询问成语竞赛的成绩。老师说:你们四人中有 2 位优秀,2 位良好,我现在给甲看乙、丙的成绩,给乙看丙的成绩,给丁看甲的成绩,看后甲对大家说:我还是不知道我的成绩。根据以上信息,则(　　)。

A. 乙可以知道两人的成绩

B. 丁可能知道两人的成绩

C. 乙、丁可以知道对方的成绩

D. 乙、丁可以知道自己的成绩

题 3 （2017·山东）已知命题 $p$：$\forall x>0$，$\ln(x+1)>0$；命题 $q$：若 $a>b$，则 $a^2>b^2$，则下列命题为真命题的是（　　）。

A. $p \wedge q$ 　　　　　　　B. $p \wedge \neg q$

C. $\neg p \wedge q$ 　　　　　　D. $\neg p \wedge \neg q$

题 4 （2017·浙江）已知等差数列 $\{a_n\}$ 的公差为 $d$，前 $n$ 项和为 $S_n$，则"$d>0$"是"$S_4+S_6>2S_5$"的（　　）。

A. 充分而不必要条件　　　B. 必要而不充分条件

C. 充分必要条件　　　　　D. 既不充分也不必要条件

以上题目只是 2017 年高考试卷中单纯考察逻辑能力的试题，我们还要注意对于简易逻辑的考查，不单单只是为了考逻辑而考逻辑，更多的是与其他数学知识相关联。在其他很多题型中，通过对问题内容的梳理，我们都可以发现逻辑部分的内容，而这也体现了它的工具性，即逻辑是学生思考、认识数学的工具。

笔者通过以上分析可以看到在各个地区的考题中，关于逻辑内容的考查都有所涉及，这也就反映出教育主管部门对该部分内容的重视。因此，广大数学教师要重视学生逻辑能力的培养，提升他们的逻辑思维能力。

# 第三节　推理的定义及构成

## 一、推理的定义

根据定义，推理是指从一个或几个已知的判断推出另一新判断的思维形式，是对判断逻辑关系的认识。推理过程所根据的已知内容判断称为前提，推导得出的新判断则称为结论。推理与判断是相互渗透的关系,推理是判断的过程,判断是推理的结果。无论什么样的推理,都需要有一定的前提才能推出新的结论。一个正确的、能够保证结论真实性的推理需要具备两点:一是前提要真实;二是前提与结论之间的推导过程要符合思维的规律。

## 二、推理的构成

推理包括合情推理和演绎推理两部分。其中,合情推理又分为不完全归纳推理和类比推理;演绎推理又分为三段论推理、选言推理、假言推理等。

### (一)不完全归纳推理

不完全归纳推理是从个别到一般的一种推理方式,即从特殊到一般的推理。不完全归纳推理形式如下所示。

$S_1$ 具有(或不具有)$P$;

$S_2$ 具有(或不具有)$P$;

$S_3$ 具有(或不具有)$P$;

……

$S_n$ 具有(或不具有)$P$。

∴ $S$ 具有(或不具有)$P$。

其中,$S_1$,$S_2$,$S_3$,……,$S_n$ 是 $S$ 类的部分对象。

需要注意的是,不完全归纳法不可以视为严格的数学论证方法,可视为发现的重要手段,即在探索事物规律的过程中,教师可以引导学生找到研究的方向。

### (二)类比推理

类比推理是指学生通过知识的迁移,然后根据两个对象具有的一些相同或类似的属性,并且其中一个对象还具有另外某一属性,从而推出另一个对象还具有与该属性相同或类似的性质。类比推理的形式如下所示。

对象 $A$ 具有的性质：$m_1, m_2, m_3, \cdots m_n, M$；

对象 $B$ 具有的性质：$m_1{}', m_2{}', m_3{}', \cdots m_n{}', M'$；

$m_1$ 与 $m_1{}'$，$m_2$ 与 $m_2{}'$，$m_3$ 与 $m_3{}'$，$\cdots$，$m_n$ 与 $m_n{}'$ 相同或类似。

∴对象 $B$ 具有对象 $A$ 的性质。

我们通过以上推理过程可以发现，类比的基础是比较，客观基础是事物之间具有同一性，但是还需要有差异性。值得注意的是，两个对象之间的某些属性相同或类似，并不代表着在其他方面也有相同或类似的结论。

（三）三段论推理

三段论是由两个含有一个共同项的性质判断为前提，得出一个新的性质判断为结论的演绎推理。三段论是演绎推理的一般模式，它包含三个部分：大前提——已知的一般原理，小前提——所研究的特殊情况，结论——根据一般原理，对特殊情况所做出的判断。

其中，结论中的主项叫作小项，用"$S$"表示；结论中的谓项叫作大项，用"$P$"表示；两个前提中共有的项叫作中项，用"$M$"表示。在三段论中，含有大项的前提叫作大前提，含有小项的前提叫作小前提。三段论推理是根据两个前提所表明的中项 $M$ 与大项 $P$ 和小项 $S$ 之间的关系，并通过中项 $M$ 的媒介作用，从而推出小项 $S$ 与大项 $P$ 之间的关系。

例如，用三段论证明可知：$C_n^0 + C_n^1 + C_n^2 + \cdots\cdots + C_n^n = 2^n$。

二项式进行展开：$(a+b)^n = C_n^0 a^n + C_n^1 a^{n-1} b + C_n^2 a^{n-2} b^2 + \cdots\cdots + C_n^n b^n$（大前提），

令 $a$ 与 $b$ 相同，且均为 1，

有 $2^n = (1+1)^n = C_n^0 1^n + C_n^1 1^{n-1} 1 + C_n^2 1^{n-2} 1^2 + \cdots\cdots + C_n^n 1^n = C_n^0 + C_n^1 + C_n^2 + \cdots\cdots + C_n^n$（结论）。

# 第四节　推理论证能力的结构

笔者根据多年的教学经验,并结合自身的教学实践总结出学生具备较强的推理能力包括四个方面:牢固的数学基础知识、必要的逻辑知识、提出猜想的能力、证明能力。下面,笔者将对这四种能力进行论述。

## 一、牢固的数学基础知识

数学基础知识是指数学中的概念、定理和公式,它们既是数学学习的核心部分,又是进行逻辑推理论证的依据。因此,学生只有在熟练掌握这些内容的基础上,才能逐步形成推理论证的能力。

概念是人们脑海中对客观事物本质的反映,是学习数学的"基石",也是进行判断、推理的基础。在教授概念时,教师一定要讲透,并通过深挖和外延数学概念来帮助学生掌握事物的本质,否则就会出现概念模糊,导致思维出现混乱。因此,学生只有在理解、掌握概念的基础上,才能进行正确地判断和推理。

数学的公式和定理是进行推理论证的依据,这些内容都是以往科学家经过严格逻辑推理所得到的,如果没有正确的依据,就难以对所要证明的命题进行正确的分析、推导,也就得不出正确的论证。因此,教师担负着讲清楚公式、定理的重任,既要使学生都能牢记数学内容,又可以运用已知的条件来进行推导,最终通过观察、推理来得到正确的结论。

## 二、必要的逻辑知识

数学不同于其他学科的最主要的一点就是严谨的逻辑性,甚至"1+1=2"都需要有严谨的论证过程。在数学的计算过程中,一切的推理过程都离不开逻辑。由于许多学生掌握的逻辑知识较少,在论证的过程中会出现一些错误,如强加一些额外条件、无根据的推理、将猜想作为事实等,从而导致论证过程的失败。在高中教材中,很少出现成章节的逻辑知识,学生只能按照教师的证明格式来进行模仿,能力较强的学生可以正确模仿,能力较弱的学生则会犯一些错误。因此,教师在授课时不妨穿插渗透讲述一些逻辑思维,从而帮助学生在潜移默化中提升自身的逻辑推导能力。

## 三、提出猜想的能力

数学猜想是证明数学命题之前的一个思维过程,在详细证明之前,证明人的脑海中必须要先通过猜想来得到证明的思路,然后将结果与思路进行综合比较,在进行一次次的尝试后,最后得到正确的答案,如著名的哥德巴赫猜想、四色猜想等,都是伟大的数学家所做出的贡献。现在,依然有一些猜想未被攻克,而这就吸引着无数的数学家进行研究、证明,进而成为数学向前发展的巨大动力。在高中的教学中,教师可以创设一些课堂情境,以激发学生的兴趣,从而使他们能够进行猜想,培养他们大胆猜想的习惯,然后再点评猜想的内容是否合理。数学猜想一般包括归纳概括和类比思想两种方法。

归纳概括是学生在学习中经常用到的方法,主要应用于科学发现的过程,在数学史中也是如此,如勾股定理、哥德巴赫猜想等。伟大的数学家高斯也说过他的许多定理都是通过归纳方法得到的。在数学教材中,等差和等比数列的通项公式就是通过归纳的方法来得到的。在高考试卷中,归纳概括在数列证明中常常用到。下面就是一道归纳概括的证明题。

(2012·广东)设数列$\{a_n\}$的前$n$项和为$S_n$,满足$2S_n=$

$a_{n+1}-2^{n+1}+1, n\in \mathbf{N}_+$，且 $a_1, a_2+5, a_3$ 成等差数列。

① 求 $a_1$ 的值。

② 求数列 $\{a_n\}$ 的通项公式。

③ 证明：对于一切正整数 $n$，有 $\dfrac{1}{a_1}+\dfrac{1}{a_2}+\cdots+\dfrac{1}{a_n}<\dfrac{3}{2}$。

答案：① 在 $2S_n=a_{n+1}-2^{n+1}+1$ 中，令 $n=1$，解得：$2S_1=a_2-2^2+1$，即 $a_2=2a_1+3$；令 $n=2$，解得：$2S_2=a_3-2^3+1$，即 $a_3=6a_1+13$；又 $\because 2(a_2+5)=a_1+a_3$。

联立上述三式，解得 $a_1=1$。

② 由 $2S_n=a_{n+1}-2^{n+1}+1$ 得：$2S_{n+1}=a_{n+2}-2^{n+2}+1$，将两式进行相减，解得：$a_{n+2}=3a_{n+1}+2^{n+1}$。

又 $\because a_1=1, a_2=5$，满足 $a_2=3a_1+2^1$，

$\therefore a_{n+1}=3a_n+2^n$ 对于 $n\in \mathbf{N}_+$ 成立。

$\therefore a_{n+1}+2^{n+1}=3(a_n+2^n)$，$\therefore a_n+2^n=3^n$，即 $a_n=3^n-2^n$。

③ $\because a_{n+1}=3^{n+1}-2^{n+1}>2\times 3^n-2^{n+1}=2a_n$，

$\therefore \dfrac{1}{a_{n+1}}<\dfrac{1}{2}\times \dfrac{1}{a_n}$。

$\therefore$ 当 $n\geqslant 2$ 时，$\dfrac{1}{a_3}<\dfrac{1}{2}\times \dfrac{1}{a_2}, \dfrac{1}{a_4}<\dfrac{1}{2}\times \dfrac{1}{a_3}, \cdots, \dfrac{1}{a_n}<\dfrac{1}{2}\times \dfrac{1}{a_{n-1}}$，

两边同时相乘得：$\dfrac{1}{a_n}<(\dfrac{1}{2})^{n-1}\times \dfrac{1}{a_2}$。

$\therefore \dfrac{1}{a_1}+\dfrac{1}{a_2}+\cdots+\dfrac{1}{a_n}\leqslant 1+\dfrac{1}{5}+\dfrac{1}{2}\times \dfrac{1}{5}+\cdots+(\dfrac{1}{2})^{n-2}\times \dfrac{1}{5}<$

$\dfrac{7}{5}<\dfrac{3}{2}$。

上述类型的试题在各地高考试卷中几乎年年都会出现，这也就是从侧面说明数学归纳概括类型的试题在高考中很受命题者的青睐。因此，教师也需要重视讲授这种类型的试题。

类比思想是指运用类比的方法,通过两个对象或者问题之间存在的相似性来将信息从一个对象转移到另一个对象,从而实现知识的迁移。在研究问题的过程中,研究者经常在某一问题上陷入沉思,找不到突破的方向,如果进行某种类比,就有可能出现"柳暗花明又一村"的惊喜,从而顺利解决问题。在数学学习过程中,也存在这样的道理,即教师要培养学生的类比思想。

(2002・上海)规定:$C_x^m = \dfrac{x(x-m)\cdots(x-m+1)}{m!}$,其中 $x \in$ **R**, $m$ 是正整数,且 $C_x^0 = 1$,这是组合数 $C_n^m(n,m$ 是正整数,且 $m \leqslant n)$ 的一种推广。

(1)求 $C_{-15}^5$ 的值。

(2)组合数的两个性质($C_n^m = C_n^{n-m}$,$C_n^m + C_n^{m-1} = C_{n+1}^m$)能否推广到 $C_n^m(x \in$ **R**$,m$ 是正整数)的情形? 若能推广,则写出推广的形式并给出证明,若不能,则说明理由。

(3)已知组合数 $C_n^m$ 是正整数,证明:当 $x \in$ **Z**,$m$ 是正整数时,$C_x^m \in Z$。

分析:本题"新规定 $C_x^m(x \in$ **Z**$,m$ 是正整数)"是组合数 $C_n^m$($n,m$ 是正整数,且 $m \leqslant n)$ 的一种推广。这个结论是中学数学教学内容中所没有的,目的就是考查考生对相关的数学类比思想方法的运用及创新思维的能力。

答案:(1)根据新规定,直接演算即可,即 $C_{-15}^5 = \dfrac{(-15)(-16)(-17)(-18)(-19)}{5!} = -11628$。

(2)性质①不能推广。反例:当 $x = \sqrt{2}$,$m = 1$ 时,$C_{\sqrt{2}}^1$ 有意义,但 $C_{\sqrt{2}}^{\sqrt{2}-1}$ 无意义。

性质②可以推广,且推广形式不变;$C_x^m + C_x^{m-1} = C_{x+1}^m (x \in \mathbf{R}, m$ 是正整数)。

证明:$C_x^m + C_x^{m-1} = \dfrac{(x-1)(x-2)\cdots(x-m+1)}{m!} + \dfrac{(x-1)(x-2)\cdots(x-m+2)}{(m-1)!} = \dfrac{(x-1)(x-2)\cdots(x-m+2)}{m!} \times (x+1) = \dfrac{1}{m!} \times (x+1)[(x+1)-1][(x+1)-2]\cdots[(x+1)-m+1] = C_{x+1}^m$。

(3)需要就 $x$ 与 $m$ 的大小做出逻辑划分并进行严密的论证。

当 $x \geqslant m$ 时,$x, m$ 都是正整数,$C_x^m$ 是组合数,结论显然成立。

当 $0 \leqslant x < m$ 时,$C_x^m = \dfrac{(x-1)(x-2)\cdots 0 \cdots (x-m+1)}{m!} = 0 \in \mathbf{Z}$,结论显然成立。

当 $x < 0$ 时,$C_x^m = \dfrac{(x-1)(x-2)\cdots(x-m+1)}{m!} = (-1)^m \dfrac{1}{m!}(-x+m-1)(-x+m-2)\cdots(-x+1)(-x) = (-1)^m C_{-x+m-1}^m$,

$\because -x+m-1 > 0$,

$\therefore C_{-x+m-1}^m$ 是正整数,故 $C_x^m = (-1)^m C_{-x+m-1}^m \in \mathbf{Z}$。

综上所述,当 $x \in \mathbf{Z}, m$ 是正整数时,$C_x^m \in \mathbf{Z}$。

## 四、灵活运用各种证明技巧的能力(证明能力)

证明的过程就是通过"已知"来推导得到"结论",通过在"已知"和"结论"之间建立联系,就需要学生进行数学思维。在解题的过程中,学生需要从已知条件出发,经过全方位、多角度的思考来寻求结论的可能性,并找到解决问题的设想和方法,从而抓住问题的本质,最终顺利地对问题进行求解。

## 第五节 培养学生论证推理能力的措施

逻辑推理论证能力如此重要,结合日常的教学实践经验,笔者认为应该从以下七个方面对学生进行培养。

### 一、重视概念教学,巩固学生的学习基础

概念和定理是学生学习的基础,也是证明的依据。因此,教师在授课时需要讲清楚概念和定理的形成过程,使学生明白和了解整个推理的过程,从而让学生从根本上掌握概念和定理的应用条件和范围,最终为学生熟练应用打下良好的基础。

在授课的过程中,教师需要求学生能够独立表述概念的内容,从本质上抓住概念的内涵,从多方位、多角度来升华概念。

例如,在讲授椭圆定义时,笔者就借助计算机图形来讲解椭圆的形成过程,并在讲解定义的基础上加深学生的理解,即两个焦点是定点;$r_1 + r_2 = $定值,且大于 $F_1F_2$ 的长;满足 $r_1 + r_2 = $定值的动点。

### 二、做好示范作用,培养学生的良好习惯

在课堂教学中,教师的言行对学生都有着深远的影响。因此,教师要重视课堂授课活动,即通过清晰的思维、准确的语言和严谨的逻辑来做好示范活动。对于教材,教师要深入挖掘其中的素材,并对其中的内容进行深入地理解,然后通过符合学生认知规律的讲解来提高授课的质量,进而培养学生的良好思维习惯。对于一些证明试题,教师要严格按照证明的程序来书写板书,不能为了节省时间而省略中间的过程。教师清晰且规范的书写,思路清晰的论证,长期坚持下去,就会在潜移默化中影

响学生的数学思维,有利于提高学生的逻辑推理能力。

## 三、创设情境,引导学生猜想

数学是生活的体现。在高中数学教材中,知识点的难度高、抽象度高,加上内容较多,学生在吸收知识的过程中很难转变自身的思维,从而跟不上上课的节奏。在教学的过程中,教师要深入挖掘生活中与本节知识相关的素材,这有助于设计出内容活泼、创意新颖的问题情境。生活的情境导入能够活跃课堂的学习气氛,能将学生迅速带入课堂学习中,把抽象的教材内容变得形象化、立体化,进而有效地吸引学生的学习目光,使其自身产生学习的动力。在情境中,教师要注重引导学生开展猜想,从而提升学生的逻辑思维能力。

例如,在讲解"等差数列"时,笔者引导学生进行以下猜想。

(1)在过去的三百多年里,人们分别在下列时间里观测到了哈雷彗星:1682,1758,1834,1910,1986,你能预测出下次观测到哈雷彗星的大致时间吗? 判断的依据是什么呢?

(2)通常情况下,从地面到11km的高空,气温随高度的变化而变化符合一定的规律,请你根据表3-1估计一下珠穆朗玛峰峰顶的温度。

表3-1　气温与地面高度的关系

| 距地面的高度(km) | 1 | 2 | 3 | 4 | 5 | 6 |
|---|---|---|---|---|---|---|
| 温度(℃) | 38 | 32 | 26 | 20 | 14 | 8 |

思考:依据前面的规律,填写(3)和(4)。

(3)1,4,7,10,(　　),16。

(4)2,0,-2,-4,-6,(　　)。

学生依照这些规律,就能得到相应的数值,进而进行猜想,从而得到等差数列及公差 $d$ 的相关知识。

### 四、变式训练，使学生掌握证明方法

高中三角函数有个非常大的特点，就是一道题可能有很多种解题方法。因此，在掌握一种解法之外，笔者会要求学生进行一题多解的训练，这有助于提升解题的能力。学生在完成三角函数作业的同时，从不同的角度来进行题目的解答，这不仅有助于开拓学生的学习思路，发散学生的思维，还能提升学生的综合能力。此外，学生之间进行交流，既要发现他人思维的亮点，弥补自己的不足之处，又要通过探讨和交流使双方都能够有所进步。

证明：$\sin^2 10° + \cos^2 40° + \sin 10° \cos 40° = \dfrac{3}{4}$。

解法一：可以进行拆解，然后再利用和角的余弦公式进行求解展开。

原式 $= \sin^2 10° + \cos^2(30° + 10°) + \sin 10° \cos(30° + 10°) =$

$\sin^2 10° + (\dfrac{\sqrt{3}}{2}\cos 10° - \dfrac{1}{2}\sin 10°)^2 + \dfrac{\sqrt{3}}{2}\sin 10° \cos 10° - \dfrac{1}{2}\sin^2 10°$

$= \dfrac{3}{4}(\sin^2 10° + \cos^2 10°) = \dfrac{3}{4}$。

解法二：$\sin^2 10° + \cos^2(30° + 10°) + \sin 10° \cos(30° + 10°) =$

$\sin^2 10° + (\dfrac{\sqrt{3}}{2}\cos 10° - \dfrac{1}{2}\sin 10°)^2 + \sin 10°(\dfrac{\sqrt{3}}{2}\cos 10° - \dfrac{1}{2}\sin 10°)$

$= \sin^2 10° + \dfrac{3}{4}\cos^2 10° - \dfrac{\sqrt{3}}{2}\cos 10° \sin 10° + \dfrac{1}{4}\sin^2 10° +$

$\dfrac{\sqrt{3}}{2}\sin 10° \cos 10° - \dfrac{1}{2}\sin^2 10° = \dfrac{3}{4}\sin^2 10° + \dfrac{3}{4}\cos^2 10° =$

$\dfrac{3}{4}(\sin^2 10° + \cos^2 10°) = \dfrac{3}{4}$。

解法三:利用正余弦定理。

由余弦定理可得:$a^2 + b^2 - 2ab\cos C = c^2$,又由正弦定理,得$\dfrac{a}{\sin A} = \dfrac{b}{\sin B} = \dfrac{c}{\sin C} = 2R$。

于是,$4R^2\sin^2 A + 4R^2\sin^2 B - 2 \times 2R\sin A \times 2R\sin B \times 2R\cos C = 4R^2\sin^2 C$,

解得,$\sin^2 A + \sin^2 B - 2\sin A\sin B\cos C = \sin^2 C$。

故:$\sin^2 10° + \cos^2 40° + \sin 10°\cos 40° = \sin^2 10° + \sin^2 50° + \sin 10°\sin 50° = \sin^2 10° + \sin^2 50° - 2\sin 10°\sin 50°\cos 120° = \sin^2 120° = \dfrac{3}{4}$。

解法四:原式 $= \dfrac{1 - \cos 20°}{2} + \dfrac{1 + \cos 80°}{2} + \dfrac{\sin 50° - \sin 30°}{2} = 1 + \dfrac{\cos 80° - \cos 20°}{2} + \dfrac{\sin 50°}{2} - \dfrac{1}{4} = 1 - \dfrac{\sin 50°}{2} + \dfrac{\sin 50°}{2} - \dfrac{1}{4} = \dfrac{3}{4}$。

解法五:构造$\triangle ABC$,使$\angle A = 10°$,$\angle B = 50°$,$\angle C = 120°$,外接圆的直径为1。

由正弦定理得:$a = \sin 10°$,$b = \sin 50°$,$c = \sin 120° = \sin 60°$。

由余弦定理得:$c^2 = a^2 + b^2 - 2ab\cos C$,得:$\sin^2 60° = \sin^2 10° + \sin^2 50° - 2\sin 10°\sin 50°\cos 60° = \sin^2 10° + \cos^2 40° - \sin 10°\cos 40°$。

$\therefore \sin^2 10° + \cos^2 40° - \sin 10°\cos 40° = \dfrac{3}{4}$。

值得注意的是,由于$\alpha + \beta + \gamma = 180°$,则有 $\sin^2\alpha + \sin^2\beta - 2\sin\alpha\sin\beta\cos\gamma = \sin^2\gamma$ 和 $\cos^2\alpha + \cos^2\beta + \cos^2\gamma + 2\cos\alpha\cos\beta\cos\gamma = 1$ 成立。这道题还有其余的解法,这些解法都是学生经过讨论而得到的。另外,题目的推广和引申都能够加深学生对原有知识的理解。因此,笔者还会对本道试题进行引申来发散学生的

数学思维。

## 五、逆向思维,提升逆向证明能力

在数学思维中,逆向思维是容易被忽略的内容。对教师来说,训练学生的逆向思维能力很重要。在学习中,学生往往会因为思维的习惯很容易形成惯性,即习惯于公式和定理的正向应用,忽略逆向的运用,导致不擅长逆向思维。为了帮助学生摆脱这种思维的定势,教师要在教学中加强逆向思维的教学,训练学生熟练应用逆向思维的能力,培养他们思维的灵活性。在教材中,教师只要留心就会发现很多逆向的知识,如性质定理与判定定理、映射与逆映射等内容。逆向训练既能够帮助学生牢固掌握基础知识,增强遇到难题时的应变能力,拓宽解题的思维,突破思维的定势,又能使其思维进入新的境界。

例如,已知曲线 $C_k$ 的方程为 $\dfrac{x^2}{9-k}+\dfrac{y^2}{4-k}=1$,试证明:对于坐标平面内任意一点 $(a,b)(a\neq0,b\neq0)$,总存在 $C_k$ 中的一椭圆和双曲线通过该点。

分析:如果从曲线系的角度来考虑,以 $x,y$ 为主元,不能够有效地打开思路,但是如果从 $k$ 的角度出发,当 $k<4$ 或 $4<k<9$ 时,$C_k$ 表示的曲线分别为椭圆和双曲线,问题就可以简化在区间 $(-\infty,4)$ 和 $(4,9)$ 内来求取 $k$ 值,使曲线 $C_k$ 过点 $(a,b)$。

证明:设 $(a,b)(a\neq0,b\neq0)$ 在曲线 $C_k$ 上,则 $\dfrac{a^2}{9-k}+\dfrac{b^2}{4-k}=1$,整理得:$k^2+(a^2+b^2-13)k+(36-4a^2-9b^2)=0$。

令 $f(k)=k^2+(a^2+b^2-13)k+(36-4a^2-9b^2)$,则 $f(k)$ 是一条开口向上的抛物线,

∴ $f(4)=-5b^2<0,f(9)=5a^2>0$,

∴ $f(k)=0$,即方程 $k^2+(a^2+b^2-13)k+(36-4a^2-9b^2)=0$

$\therefore$ 在 $(-\infty,4)$ 和 $(4,9)$ 内分别有一根,即对平面内任意一点 $(a,b)(a\neq0,b\neq0)$,总存在 $C_k$ 中的一椭圆和双曲线通过该点。

## 六、深挖素材,进行推理训练

在高中数学的各个领域中都有大量的素材需要教师引导学生进行逻辑推理,这就能够很好地锻炼学生的逻辑推理能力。此外,教师还需要有严谨的逻辑性,加强学生的课堂训练,通过问题来提升学生的推理能力。

## 七、因材施教,提升学生论证能力

每位学生都是独立的个体,在培养学生推理能力时,教师应注重学生个体之间的差异性,使每个人在原有知识水平的基础上都能有所提高。鉴于此,教师在授课及布置作业时不妨进行层次化布置,从而使各个层次的学生都能"吃饱、吃好"。

# 第六节 逻辑推理能力教学案例及反思

对数学学习而言,学生学习概念的过程就是通过归纳的方式来形成概念,然后通过演绎来同化概念。因此,归纳和演绎是学生求知中的两种方式。其中,归纳是学生通过事物获取概念的重要阶段,也是数学学习的开端,它的本质是"发现",即发现事例中所蕴含的数、形的本质,从而总结出规律和性质;演绎则是学生利用已有的公式、定理和已知条件,再根据逻辑推理的规则推导得出未知的结论,从而实现知识的升华。这两个学习过程能够实现从具体到抽象,是学生认识事物的必经之路,也是学习的正道坦途。

但是,在高中数学概念教学中,教师往往以灌输的形式直接告诉学生,不让他们经历"归纳—演绎"的过程,这就导致学生知其然而不知其所以然。学生搞不懂概念的来历,在学习中自然也就不明白内在的本质和原理,从而在应用时就会错误百出。笔者就以"函数教学"为例,为大家讲述教学的过程。

## 一、函数概念归纳的要点

函数在高中数学中占据着重要的地位。教师要引导学生主动经历函数概念的形成过程,从具体事例的共性中归纳抽象得到概念,使学生亲身体验,构筑理解抽象概念的根基。只有这样,学生才能主动地发现并提出问题,进而提升数学能力,提高学习的课堂参与度,逐步形成学习数学的正确思维。

那么,在概念学习中,学生需要抓住哪些要点呢?纵观整个数学的发展史,对函数的研究最早源于人们对天文、力学等知识的研究,出于实践的需要,对各种变化过程和量之间关系的研究,使得数学产生变量和函数的概念。高中阶段的函数是在学生已经学习过初中知识的基础上来归纳它们的共性,从而形成认识一般函数概念的基础。在此背景下,笔者认为,归纳的要点有四个:第一,实例的函数在现实中存在怎样的背景,分别描述了哪类运动变化;第二,决定这类运动的要素是什么;第三,这些要素之间有怎样的关系;第四,数学模型如何来进行刻画。

## 二、函数概念的归纳过程

### (一)一次函数

现实背景:做匀速直线运动的物体,运动的速度(位移与时间的比值)是定值。在运动的过程中,瞬时速度与平均速度相等。

决定运动状态的要素:速度 $v$、时间 $t$ 和位移 $S$,这里 $v$ 值是常量,而 $t$ 和 $S$ 则是变量。

各要素之间的关系:随着时间的变化,位移发生变化,即 $v$

$=\dfrac{\Delta S}{\Delta t}$ 是一个常量,时间与位移是一一对应的关系。

数学模型:对于不同的问题,有各种各样的一次函数,在此基础上,我们进行归纳,就可以得到:$y=kx+b$。需要注意的是,$b$ 是初始条件,$y$ 的值随着 $x$ 的变化而变化。

虽然一次函数较为简单,但是其应用范围较广,在物理和化学中有着广泛的应用。

(二)二次函数

现实背景:物体做匀加速直线运动,在运动过程中,物体速度的变化与时间的比值是定值,即速度的变化幅度不变。

决定运动状态的要素:加速度 $a$、初速度 $v_0$、时间 $t$ 和位移 $S$。其中,$a$ 和 $v_0$ 是常量,$t$ 和 $S$ 是变量,速度随着时间的变化而均匀改变。

各要素之间的关系:$a=\dfrac{\Delta v}{\Delta t}$ 是一个定值,即给定一个时间,位移与之相对应。如果在初始条件中,$t=0$,$v=v_0$,$S=S_0$,则运动的规律就是 $S=S_0+v_0t+\dfrac{1}{2}at^2$。

数学模型:在不同类型的问题中,有不同的二次函数,如自由落体的运动规律为:$S=\dfrac{1}{2}gt^2$,动能定理的表达式为:$E=\dfrac{1}{2}mv^2$。通过对二次函数进行归纳,我们得到的表达式为:$y=ax^2+bx+c$。

(三)反比例函数

现实背景:在同一个电路中,导体中的电流与它两点的电压和电阻有关系。这种运动的特征是,两个变量的乘积为常量。

决定变化状态的要素:电流 $I$、电压 $U$、电阻 $R$。

各要素之间的关系:根据已经学习过的欧姆定律,得到公式:$I=\dfrac{U}{R}$。

数学模型:在物理和化学中存在着大量的规律,通过归纳分析我们可以得到反比例函数的表达式为:$y=\dfrac{k}{x}$,其中 $k$ 为常数。

## 三、函数概念的一般化

通过对一次函数、二次函数和反比例函数的抽象,我们不应当满足对函数进行分类研究,还需要进行再归纳,于是,就产生了以下的函数概念:对于在某一范围 $A$ 内变化的变量 $x$ 的任意一个值,都存在另一个变量 $y$ 的唯一确定值与之对应,这时,$y$ 就称为 $x$ 的函数,用 $y=f(x)$ 来表示。变量 $x$ 称为自变量,变化的范围 $A$ 称为 $y=f(x)$ 的定义域;变量 $y$ 称为因变量,变化范围 $B$ 称为 $y=f(x)$ 的值域。

笔者在教学中通过"具体函数→一类函数→函数概念"一般化,使学生从问题出发,通过对各类函数概念的归纳过程发现其中的内涵并进行辨析,从而真正掌握函数的概念。

## 四、函数概念归纳过程的注意事项

(一)函数图像的作用

函数图像能够帮助学生直观地学习函数,降低抽象学习的难度,还能够通过数形结合来探讨问题的答案。因此,教师在教学的初期就要重视函数图像的使用,引导学生养成通过数形结合来研究函数的好习惯。

(二)注重概念辨析

在高中数学教材中,学生需要先学习"集合—对应"这一知识,再将函数视为两个实数集合之间的对应关系,从而抽象概念,最终初步了解函数的概念。在教学中,笔者会带学生辨析概念、领会概念的内涵。辨析的实质是找到函数的对应关系并加强认识,从而了解函数的实质。

(三)注重定义域与值域

作为函数概念的主要组成部分,定义域和值域需要学生进行深入了解,知道它们的具体意义。在讲授定义域、值域时,教师不妨利用实例为学生进行详细说明,引导他们进行深入理解。

## 五、从概念出发研究性质

有了概念,学生就能够初步认识事物的本质,然后对事物的性质进行研究。一般来讲,研究的路径分为从宏观到微观、从整体到局部等,研究的方法则是对事例进行分析与综合,然后归纳再进行猜想。

在很多的问题中,学生需要知道在给定的区间上 $f(x)$ 何时达到最大值或最小值。例如,长度为 $a$ 的正方形铁皮,如果将四边剪去边长为 $x$ 的无盖正方形,则当 $x$ 取多少时,体积最大?此外,还有一些行程问题、路径问题等都需要求取最大值或最小值。

单调性是函数学习的难点,在图形上表现为随着自变量 $x$ 的增大,对应的函数值 $f(x)$ 增大(或减小)。在教学的设计中,教师要思考如何采用有效方法来突破 $x$ 在区间 $D$ 上的任意取值,并会用不等式的语言来进行表示等教学难点。

通过初中教材的学习,学生已经有了对于函数单调性的直观认识,所以教师需要通过设置一些问题来将"任意"两字从学生的意识中激发出来,以帮助他们感受到借助代数符号可以用"任意"来刻画"无限"的数学方法。

问题:大家回忆下,在区间 $D$ 上,当自变量 $x$ 的值变大时,对应的函数值随之增大。请问大家能够用自己的语言进行表述吗?

追问 1:在数学学习中,我们需要在定性研究的基础上再开展定量研究。那么,"$x$ 增大"用量化的语言怎样描述呢?"对应的 $y$ 值也随之进行变化"又怎样描述呢?

追问 2:对于一个抽象的问题,借助事例可以从中分析、归纳得到一般结论,那么借助于 $y=x^2$ 的取值表,你能从表 3-2 中找到怎样的规律?

表 3-2　$y=x^2$ 的取值

| $x$ | 1 | 1.5 | 2 | 3 | 4 | … |
|---|---|---|---|---|---|---|
| $f(x)=x^2$ | 1 | 2.25 | 4 | 9 | 16 | … |

当 $x$ 的值从 1 变化到 1.5 时,$f(x)$ 就从 1 增大到 2.25;当 $x$ 的值从 1.5 变化到 2 时,$f(x)$ 就从 2.25 增大到 4;当 $x$ 的值从 2 变化到 3 时,$f(x)$ 就从 4 增大到 9;当 $x$ 的值从 3 变化到 4 时,$f(x)$ 就从 9 增大到 16……

追问 3:大家能否将其抽象成符号化的语言,能否得出它们的共同点?

一般来说,当 $x$ 从 $x_1$ 变为 $x_2$ 时,$f(x)$ 就从 $f(x_1)$ 变为 $f(x_2)$。

追问 4:在上述问题中,对于 $x_1$,$x_2$ 有何要求,取 $(0,+\infty)$ 上的某些数是否可以呢?能否用例子说明?

必须是对区间 $(0,+\infty)$ 内的任意两个数 $x_1$,$x_2$,如果 $x_1<x_2$,则有 $f(x_1)<f(x_2)$。

总结:借助于符号化的语言,可以将上述过程视为:任取 $x_1$,$x_2\in(0,+\infty)$,当 $x_1<x_2$,都有 $f(x_1)<f(x_2)$。

在上述设计中,通过体现函数的单调性本质,引导学生以具体函数为载体,思考函数变化的规律和结构,然后再运用数学符号来进行相应的表达。

在整个高中阶段的教学中,函数是其中的一条主线。因此,如何让学生理解函数概念的本质,如何引导学生通过"归纳—演绎"来得到性质和解决问题就需要广大教师进行相应的教学实践。

## 六、教学反思

### (一)注重引导学生体验逻辑推导能力

猜想与验证是学生开展数学活动的重要思想方法,正如荷兰数学教育家弗赖登塔尔所说:"真正的数学家——常常凭借数学的直接思维做出各种猜想,然后加以证实"。因此,在高中数学教学中,教师要重视猜想与验证思想方法的渗透,让学生经历"实验探究—猜想—验证—归纳"的逻辑推理过程,以增强学生主动探索、获取数学知识的能力,从而促进学生创新能力的发展。为了验证某一猜想,就必须再用一个例子去实验,最后归纳得出结论,学生通过经历知识的形成过程,不仅获得了数学结论,还逐步学会了获得数学结论的思想方法——猜想与验证,既提高了学生主动探索、获取知识的能力,又增强了学生学好数学的信心。

### (二)培养反思习惯,形成反思意识

要培养学生的数学反思能力,不仅需要教师的示范,使学生具备必要的反思知识,还需要学生的亲身体验和全面参与。因此,数学周记从某种意义上可以说是听课反思和题后反思的备忘录。听课反思是从教师讲解中反思思考问题的方法,学会捕捉引起反思的问题或提出具有反思性的见解;题后反思则是对问题解答后结论的正确性的检验或提出疑问,即是否还有其他解法或更佳的解法;能否对问题的题设或结论进行变式;是否把当前的命题推广到一般情况,还要考虑问题题设的完备性(充分性)及结论的精确性。

# 第四章 数学建模能力的形成

建模能力是数学理论和日常生活之间的"桥梁",对于当今的高中生来说,也是必须要具备的数学核心素养之一。数学建模能力在学生全面发展过程中起着举足轻重的作用,是培养他们实践能力和创新能力的重要手段。在数学教学中,教师除了培养学生了解和掌握重要的数学概念和数学定理外,还要提高学生的数学思维能力,培养学生在遇到生活问题时用数学知识来解决的意识,从而让学生养成良好的思维品质。

## 第一节 建模能力的研究背景及现状

### 一、建模能力的研究背景

随着人工智能时代的到来,数学的应用越来越广泛,作为其他学科的基础,建模能力成为新一轮课程改革的主要方向。国家和社会对高中生的建模能力也异常重视,并设有各种规格的建模大赛,以此来提升学生的水平。在 20 世纪 90 年代初,数学课程改革研讨会就提出了让学生从给出的生活情境中自主分析来建立数学模型,再经过求解来解出相关的答案,这个过程能够有效提升学生应用数学知识的意识。2003 年,我国颁布了新课程标准,明确提出了在高中阶段学校要组织数学建模活动来培养学生的建模能力。由此可以看出,数学建模能力是非常重要的。

## 二、国内外数学建模的现状

下面,我们就来分析一下国内外数学建模的现状。

### (一)国外数学建模的现状

在国外的数学教学中,数学的应用价值一直是学界讨论的话题,并且数学建模能力的培养也是欧美发达国家关注的重点。在国际数学教育大会中,与会学者都非常重视数学知识的实际应用。国外发达国家极其重视数学建模能力的教学,并出台了一系列教育文件来提升学生的建模能力,其中以美国最为突出。但是,国外对于数学建模的研究大多都集中于大学以上阶段,研究成果主要包含数学建模能力教学的原则和方式、数学建模教学的课后反思及改进建议、数学建模案例、国家之间的学生建模能力研究比较等。

美国高中生数学建模竞赛(HiMCM)是美国的一个非营利机构——美国数学及其应用联合会(COMAP)主办的一项国际性活动。该竞赛得到了美国国家科学基金会(NSF)、运筹和管理科学研究所(INFORMS)、美国数学协会(MAA)和美国全国数学教师委员会(NCTM)的资助。在竞赛中,最多有 4 名高中生组成,加上一位指导教师,在连续 36 小时内完成竞赛。该竞赛的问题是每个参赛队从两个实际问题中选取一个来完成的。

数学竞赛试题的实际背景一般来自社会、经济、管理、生活、环境、自然现象、工程技术、现代科学中出现的新问题,都有一个比较确切的现实问题。在进行假设条件时,一般有四种情况:第一,只有过程、规则等定性假设,没有具体定量数据;第二,给出若干实测或统计数据;第三,给出若干参数或图形;第四,蕴涵着某些机动或可发挥的补充假设条件,参赛者也可以自己来收集或模拟生产数据。问题的答案往往有几个(一般不是唯一答案)

较为确定的答案(基本答案),还有更为细致或更高层次的讨论结果(往往是讨论更优方案的提法和结果)。笔者通过对理念的分析发现,数学建模试题内容较为开放,答案不唯一,这就有利于培养学生的创新思维。

(二)国内中学数学建模的现状

对数学建模能力的研究,我国是从高校向高中普及的。在最开始阶段,国内一些本科院校开展了数学建模教学,组织学生参加国家级数学建模竞赛,之后数学建模教学也进入了中学课程。1991年,上海市最先举办了"金桥杯"中学数学知识应用竞赛,从而带动了国内其他地区数学建模能力教学。随后,北京市于1993年举办了市级"方正杯"数学竞赛。随着全国范围内对数学建模能力的重视,我国高中教师逐步开始重视学生数学建模能力的培养,并组织学生参加竞赛、开展科普工作、发表数学建模学术论文等。随着研究氛围的逐步浓厚,教育部于2016年正式开展"登峰杯"全国中学生数学建模竞赛。该竞赛全面考查高中生参赛者对开放性问题的建模和解决能力,在实际背景中抽取得到数学模型能力,以及解决实际问题的能力。近些年来,高考试卷也加大了对学生建模能力的考查力度,这也引起了广大高中数学教师的重视。

随着师生参加数学竞赛热情的高涨,各所高中在教学中出现了两个问题。

第一,突击应对数学建模竞赛,即应试的形式化现象较为严重。这样不仅极大地降低了学生学习数学建模课程的热情,还不利于帮助他们通过日积月累来完成建模能力的提升。因为形式化的教学既会导致学生数学建模能力不能得到有效提升,也不利于学生学习成绩的提高。

第二,随着学习热情的增加,低年级学生的参与度提高,但有些建模竞赛试题需要具有高年级知识,学生的运用能力偏弱,最终不能够很好地掌握和应用数学知识,从而导致竞赛成绩平平。同时,高年级同学由于高考的压力参赛人数较少,这些都会造成整体参赛水平不高。

## 三、数学建模竞赛为我们带来的启示

第一,数学建模教学属于素质教育的范畴,能够有效地推动数学教学改革。在传统教学过程中,题海战术是教师的首选方式,数学建模教学则要求学生具备将实际问题转化为数学问题的能力,而这种能力就是社会对于高素质人才的要求。在高考试卷中也出现了一些渗透着建模思想的试题,这从侧面推动了高中数学的教学改革。

第二,高中数学建模竞赛要求学生具有全面的知识,通过小组内学生之间思维的碰撞,共同研究问题来完成解答,这就要求他们具备较高的综合能力。数学建模不仅能够体现出数学文化,为学生提供了自主学习的空间,还使学生在解决实际问题时感受到数学的巨大应用价值,从而增强其应用数学知识的意识。通过熟悉建模训练,学生既能够形成团队协作能力、创新能力和学习能力,又能够使这些素质在高中阶段得到加强。

第三,进入人工智能的大数据时代,数学和计算机的完美结合能够创造出巨大的经济价值,这也为数学的发展指明了方向,即现代社会的发展需要用数学方法来解决遇到的难题(如气象、股票、信贷、环保等)。因此,开展数学建模的教学就非常符合当下社会的实情。新课程标准中存在着较多的数学建模素材,教师要注重数学建模的问题,并充分利用课堂教学来培养学生的建模意识,以提升他们的数学建模能力,从而使每个人都具有创新思维。

## 第二节 建模能力的概念及构成要素

### 一、数学建模及数学建模能力的定义

数学建模是指建立数学模型并用它来解决问题的过程,即将某个日常问题经过一番分析,去掉非本质因素,将本质因素用数学的语言(如符合、公式、图表等)来进行描述,进而通过合理地运用数学工具及方法,从而得到抽象、简化的数学模型,并将这个数学模型应用于实际问题的研究。其实,这个过程就是将日常问题抽象成数学问题,再合理地返回到实际中去。笔者认为,数学建模题与应用题有着密切的联系,但它们之间也存在着很明显的不同,主要表现在四个方面:①问题给出题干条件的充分程度不同;②在解决问题的过程中是否需要相应的假设;③问题的复杂程度也不相同;④解决问题的表达形式也不尽相同。

数学建模能力是指学生应用数学知识解决实际问题的能力,也是衡量学生综合能力的一个重要指标。我国著名学者吴长江指出,数学建模能力是指对问题做相应的数学化,并构建恰当的数学模型,然后将该模型求解返回到原问题中进行检验,最终将问题解决或做出解释的能力。

### 二、数学建模能力的构成要素

数学建模能力的构成要素是指在整个建模过程中学生所体现出来的能力,一般包括四个方面。

第一,阅读理解能力。一般来说,数学的阅读理解能力是指能够在文字材料和数学语言之间进行转换,并找到数学题目解释的内涵和外延。需要数学建模的题型都是较为复杂的实际问题,其中并没有确定的数学关系。鉴于此,要想将复杂实际问题

转化为数学的问题,学生就需要认真阅读题干材料,并且在读懂材料的基础上提取材料中所蕴含的有价值的主要数据和关系,这就是阅读理解能力,而这种能力的高低将直接影响学生后续解决问题的过程。

第二,数学应用意识。数学应用意识是指面对日常生活问题时,学生脑海中应用数学相关知识、方法和思维的意识,以及应用数学的心理倾向。

第三,分析和逻辑推理能力。在数学建模的过程中,学生需要有较好的分析和逻辑推理能力,要能够快速掌握问题的本质,还要将问题分解为较为简单的部分,同时对问题做出正确的回答。

第四,创新和发散思维。创新和发散思维是指当学生面对实际问题的时候,根据已有的经验和题干的材料,运用已掌握的知识,对问题展开想象,从而寻找到较为合理的方法。

## 第三节　对高中学生数学建模能力的调查

笔者曾经为高一学生设计过以下三道数学建模试题来检验他们的水平:测试题总分 40 分,第一题和第二题均为 10 分,第三题为 20 分,并且要求学生在解决问题时,无论用什么方法解答,无论解答对否,都要写下解题过程或思考过程。

（1）某收购站分两个等级收购小麦,一等小麦每千克为 $a$ 元,二等小麦每千克为 $b$ 元（$b < a$）,现有一等品小麦 $x$ 千克,二等品小麦 $y$ 千克,若以两种价格的平均数收购,是否公平合理?

（2）一家庭（父亲、母亲和孩子）去某地旅游,甲旅行社说,"如果父亲买全票一张,其余人可享受半票优待";乙旅行社说,"家庭旅行算集体票,按原价优惠"。这两家旅行社的原价是一样的,试就家庭里不同的孩子数,分别计算两家旅行社的收费(建立表达式),并讨论哪家旅行社更优惠。

(3)现有甲、乙两个服装厂生产同一种服装,甲厂每月产成衣 900 套,生产上衣和裤子的时间比是 2：1,乙厂每月产成衣 1200 套,生产上衣和裤子的时间比是 3：2。如果两厂分工合作,请安排一生产方案,其产量超过原两厂生产能力之和,求出两服装厂每月生产多少套成衣。

数学建模试题中有相当一部分属于应用题的类型。数学建模的过程需要对初始问题进行相应地分析、假设和抽象,并通过数学的公式和定理来解答数学模型,进而求解得到模型的答案,然后再进行验证、分析和修改假设等过程。

笔者通过对学生成绩的统计发现,第(1)和(2)题得分较高,得满分的人也较多,主要是因为这两道题是常见的应用试题,在解决这两道题时,学生的假设和所建立的数学模型不同,需要进行思考后再得到结论,题干给出的条件较为清晰,建模的过程也较为简单,所以学生在初中学习的基础上,能够正确进行试题的解答。第(3)题的得分较低,其中得满分的人只有 1 人,这是因为本道题的材料较为复杂,数学化的过程也较为复杂,跟数学建模的过程很像,加上学生的数学建模能力较弱,所以整体得分不甚理想。笔者通过对学生分数的分析发现,学生的成绩远低于预期的成绩。

笔者通过对几道数学建模题的设计,以及对学生的调查发现,数学建模对学生具有积极的意义,主要体现在以下三个方面。

(一)数学建模可以提高学生的学习兴趣

在与学生的交流中,笔者发现大约一半的学生对数学建模的过程很感兴趣,这也能促进他们对数学及其他课程的学习。

有的学生说:"进行数学建模的学习有助于将数学知识应用于生活中。"有的学生说:"在课堂上所学的内容偏重于理论,而数学建模则贴近生活,并充满趣味性,所以我们愿意研究这样的问题。"还有的学生说:"我能够深切地感受到数学与生活的紧密联系,感受到数学的巨大应用价值,并对数学重要性认识更加深刻,从而也愿意进行实际应用。"实际上,数学建模将教材中的内容外延到日常生活中,为学生展示了一个由数学组成的现实生活。数学建模问题,如人口增长、路径最优、正多边形密铺地面、手机套餐的选取等问题都贴近实际生活,具有较强的趣味性,学生容易对其产生兴趣,而且这种兴趣还能激发学生去更努力地学习数学。

(二)数学建模可以激发学生的创造欲望

根据笔者的调查,有三分之二的学生认为数学建模的学习能够激发他们内心的创造欲。有的学生说:"课后的习题受到知识的限制,不能够发挥自身的创造性,而数学建模的问题开放性强,能够激发身上的潜力。"有的学生说:"数学建模问题是一个题干材料多种答案,假设不同所得到的数学模型也不同。"还有的学生说:"平时千篇一律的习题使我们的头脑僵化,而数学建模'风景这边独好',感谢老师赋予了我们可以纵情创造的空间。"

在与学生的交谈中,笔者发现他们每个人都有创新的想法,头脑的思维特别活跃,因为高中紧张的教学使教师没有过多的时间为学生创造展示自己才华的机会,而数学建模恰好可以弥补这种教学的不足,给高中生创造了施展才华的平台和机会。不同层次和水平的学生遇到数学建模的试题就会产生不同的答案,这有助于让他们体会到成功的感觉。在学习的过程中,有的学生还会在原有知识的基础上进行拓展,从而得到新的问题。

（三）数学建模可以加强形象思维能力的培养

笔者所测试的第（2）题实际上有多种解题方法，有代数方法，也有图形方法。但在第（2）题的答案中，只有1人采取了图形的方法，这就说明学生的数形结合的思想非常薄弱，需要教师加强对学生数形结合思维的训练。在数学建模中，有的问题需要学生从图表中收集信息和数据，如股票的涨幅问题、人口的变化问题等。因此，高中开展数学建模的教学有助于培养学生的创造性思维。

# 第四节　提升学生数学建模能力的策略

新课程标准明确提出要将数学建模贯穿在整个高中数学教学中。因此，高中数学建模教学工作应具有长期性、持久性，既要依托现有的教材内容，又要结合高中生的认知水平，还要恰当联系生活实际逐步来提升学生的建模能力。下面，笔者就从六个方面来论述提升学生数学建模能力的策略。

## 一、新课本引领，开展教材教学改革

新课程标准明确规定：第一，数学建模的问题应来源于学生的实际生活、其他学科等方面，学生在解决数学问题时应能够与高中数学知识相关。第二，在数学建模的过程中，学生需要参与解决社会问题的整个过程，体验数学的巨大应用价值，并增强他们的应用意识，从而提升学生解决问题的能力。第三，根据自己的生活经验，学生要能够发现并提出问题，发挥自己的特长，然后从不同的角度来观察和思考解决问题的方法，进而综合运用知识和方法来解决问题，从而有效提升学生的创新能力。第四，在思考和解决问题的过程中，学生要学会自主查询资料。第五，在合作学习中，学生要能够通过与他人进行交流，通过思维的碰撞来提升学习的兴趣,从而让学生养成良好的团队协作意识。第六,教师在高中阶段至少要为学生安排一次数学建模活动,即将教材与生活相联系,将建模活动与综合实践进行有机结合。

虽然新课程标准非常重视高中数学建模教学,但在真正的实践教学中却有非常多的困难,主要表现在三个方面:第一,新课程标准并没有专门安排数学建模的课时和内容,也没有统一的数学教材;第二,高中数学建模教学起步晚,大多高中数学教师没有接受过数学建模教育,对建模的概念、意识及重要性不甚了解;第三,没有完整的评价体系,学生面临着高考,不愿花费较多的精力去学习数学建模的相关知识。

## 二、重视课堂教学,培养学生建模意识

在高中数学学习中,学生所做的练习题极少有可能出现在高考试卷中,而数学的思维却可以再现。在传统的教学过程中,学生多是为了进行练习而练习,并没有思考题目背后所蕴含的数学思维。学生一旦遇到较为陌生或生活化的实际问题,就不会用数学的方法进行解答,更不要说创造性思维。由此可见,高中数学教学中存在教与学之间的矛盾。

随着新课程改革的实施,学生应用数学的能力受到了教育主管部门的广泛重视,即要具备初步应用数学模型解决实际问题的能力,又通过阅读材料归纳总结数学模型,然后再运用数学方法进行探索、猜测、运算、证明和检验,从而解决数学问题。数学建模教学不仅符合数学发展的需要,还符合当今社会发展的潮流。高中数学的教学目标就是不仅要培养学生处理实际问题、养成数学思维的能力,还要将学生培养成具有创新意识的社会人。

在教学的过程中,教师要学习新的数学建模理论,提升自身的数学建模意识,主动更新教学的思想和观念,并通过改革教学

的内容来把握数学学科新的发展动态，从而为更好的教学打下坚实的基础。教师不仅要将教材与建模思维相联系，还要研究在高中数学教材中哪些章节可以引入数学建模的思想。教师只有在教学中潜移默化地进行渗透，学生才能逐步领悟到数学建模思想的精髓，才能体会到解决实际问题的乐趣，才能保持对数学的学习兴趣。

### 三、重视概念教学

概念是数学学习中的基础，也是思维的一种基本形式。学生只有真正地理解了数学概念，才能掌握数学知识。在高中数学教学过程中，教师可通过联系数学发展史来讲解某些不好理解的概念。笔者在讲解复数和虚数概念时，就从数的历史、复数和虚数产生的历史出发，通过展示动态的视频来吸引学生的眼球，使他们能够对概念有更深入的了解。概念是高度抽象的事物，笔者在讲解时也会在现实中寻找素材，让学生感觉到抽象的概念就在眼前，这样就会使他们更加容易理解数学概念，如在等比数列中常用的细胞分裂问题、商店打折问题、家庭还贷方式问题等。此外，很多数学概念已经在其他领域有着广泛的应用，如三角函数在物理中的简谐运动、心理生理领域中的血压状况、天文中的潮涨潮汐规律等方面都有运用。笔者会设计周期性的实际问题，在学生学习简单的三角函数模型的过程中培养他们的建模能力。

### 四、加强学生个体阅读能力

学生在建模前要能够先读明白数学材料，因此加强学生的阅读能力是非常重要的。高中数学具有抽象度高的特点，这就需要学生具有较强的逻辑思维能力，既能够读懂题干给出的材料和数学符号，又能够正确地根据数学原理来分析它们的逻辑关系。数学的题干通常由文字、图形和数学符号组成,这就需要学生能够灵活地阅读内容并转换成自己的数学语言。

根据笔者多年的教学经验,数学语言水平较低的学生,理解能力较差,其思维也不够灵活,这也就导致这部分学生在解题时会出现各种错误。鉴于此,教师要充分认识数学阅读的教育功能,并通过数学阅读策略的实例在课堂上培养学生的阅读能力,从而让学生明白阅读的重要性。

## 五、结合传统模型和生活实际

在高中数学教学内容中,各个章节都有相应的数学模型,如贷款问题、利润问题、信号塔覆盖面积问题等,这些问题都有较高的教育价值。笔者会将这些模型化为数学竞赛试题,然后通过建模的方法来给学生进行讲解,从而使其在熟悉的环境中掌握数学建模的方法。

## 六、加强与其他学科的联系

高中数学与其他学科的联系非常紧密,数学建模的思想不仅已经应用在物理、生物、医药等学科,还促进了这些学科的快速发展。因此,笔者在教授数学建模知识时,会以其他学科为切入点,让学生在生活实例中领悟数学建模的思想,同时加深他们对其他学科的理解。

学生的兴趣是数学建模的重要因素。在课余时间,学生不仅会组建学习小组对数学建模的思想进行钻研,还能够通过订阅报纸和杂志来提升自己的学习能力。此外,笔者还会开展数学建模讲座,通过讲解数学建模的历史、概念、意义及应用等内容来增加学生对数学建模的认识,并带领他们参与数学建模竞赛,从而提升学生的逻辑思维和推理能力,促进学生的全面发展。

# 第五节　数学建模能力的教学案例

在数学建模的算法中,一般分为两种数学模型,一种是计算范畴内的问题,另外一种则是非数学范畴的问题。接下来,笔者分别就从这两个角度进行相关讨论,希望对大家有所帮助。

## 一、案例:高空抛球

小明从 100 米的高度将一个球放手,使之做自由落体运动,每次小球落地后反弹到原来高度的一半,再进行下落,如此依次向下坠落。问:当球第十次落地时,小球共经过多少米? 第十次反弹的高度是多少?

分析:一般情况下,数学问题需要找到相应的算法和计算公式来解决,但如果按照计算机处理的步骤则可以有效地锻炼学生的逻辑思维。在此情况下,笔者引导学生进行以下思考。

第一,小球第一次下落的高度为 100 米,则它的反弹高度是 $\frac{100}{2}$ 米,第二次落地后的反弹高度为 $\frac{100}{4}$ 米,……,进行推理得,第 $i$ 次反弹后的高度为 $\frac{100}{2^i}$ 米。

第二,小球第一次落地时运动的距离是 100 米,第二次到达地面时的距离为 $\left(100+2\times\frac{100}{2}\right)$ 米,……,进行推理得,第 $i$ 次达地面时的距离为 $\left(100+2\times\frac{100}{2}+\cdots+2\times\frac{100}{2^i}\right)$ 米。

通过以上推理,我们可以得到这个问题的一般规律,并确定计算公式。

第三,建立各要素之间的数学模型。

通过上述的运算,得到解决实际问题的模型,即第 $i$ 次反弹

后的高度为 $t=\dfrac{h}{2^i}$ 米，第 $i$ 次落地经过的距离为 $s=s+2t$。

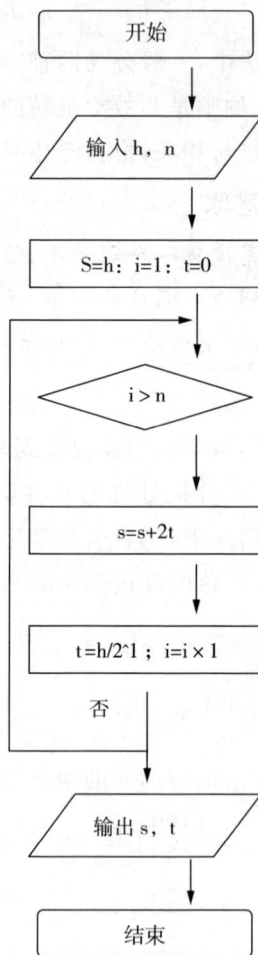

图 4-1　逻辑程序

通过数学模型，学生会设计算法，运用图 4-1 的流程图进行表达，最终正确计算出相应的结果。

### 二、案例：算法编程与函数的结合

设 $f(x) = ax^2 + bx + c(a \neq 0)$ 在闭区间 $[m,n]$ 上的最大值和最小值分别为 $S, T$，编制求 $S, T$ 的程序。

input"a,b,c,m,n＝";a,b,c,m,n

$f_1 = a*m\textasciicircum2 + b*m + c$

$f_2 = a*n\textasciicircum2 + b*n + c$

$f_s = (4*a*c - b\textasciicircum2)/(4*a)$

if $f_1 > f_2$, then

$s = f_2$

$s = f_1$

else

$s = f_2$

$t = f_1$

end if

if　m$<$ $-$b/(2*a), and__b/(2*a)$<$n, then

if　s$<$f$_2$, then

$s = f_3$

end if

if　s$>$f$_2$, then

$s = f_3$

end if

end if

print"s＝";s;"t＝";t

end

# 第六节　对数学建模教学的反思

在教学中，笔者发现了一些授课中出现的问题，希望引起大家的重视。

第一,教师要以建模的思路来进行指导,而不是通过直接套用某个公式解决问题。同时,建模的题目应该背景翔实、内容丰富。新课程标准中没有专门的建模内容,因此教师要多关注日常生活,选择具有代表性的建模题目,并非难度越大越好,其中蕴含重要建模思想的题目才是教师重点关注的对象,如银行的存款和利息问题、宾馆的电路问题等。

第二,建模的试题应当具有一定的层次性。数学建模的层次感是教学设计所必须具备的原则,学生要能够共同体现某一思维方式,即通过分析解题的方法来选择具有层次感的建模题目,进而找到相应的建模方法,从而提升试题的层次感。

第三,数学建模教学要结合数学教材的内容。在实际教学中,数学建模教学要配合日常教学,通过与教材的深入融合来整合教学内容,从而促进学生数学思维的发展。例如,在数列教学中可以引入递归的思维,在讲解斐波那契数列时可以讲解蜂房的问题。教师在讲解完数列的相关内容后要安排建模教学,以便促进学生的理解。

# 第五章　数学直观想象能力的形成

随着直观想象能力研究的不断深入，高中生在几何直观想象学习中显出很多弊端，需要引起教师的重视。

## 第一节　直观想象能力的研究背景及现状

### 一、直观想象能力研究的背景

数学虽然是一门抽象的学科，但数学的内涵却可以被直观地解读出来，这种转化的工具就是直观想象能力。在数学研究领域，直观与抽象一直都并行存在于数学行变的历史中。在古希腊时期，毕式学派就以直观的"形"来定义数，在《几何原本》一书中也出现大量带有图解的抽象证明，到了近代，笛卡尔坐标系的建立促进了人们对代数的理解，也为代数带来了更为直观的解释。

随着核心素养观念的提出，直观想象能力成为数学核心素养的重要组成部分，也是学生在学习中所要具备的关键能力，能够很好地体现出数学学科的特点。21世纪初，新课程标准就指出要加强学生的几何直观能力，重视图形在数学教学中的重要作用，并鼓励学生借助几何直观内容来展开思考，进而深入掌握研究对象的性质。为了响应这一要求，高中新版数学教材的编排也体现出了几何直观的重要性。

在当今快速发展的信息时代,现代高科技与数学之间的联系越来越紧密,图像的时代已经到来,而这就需要人们转变自身的思维方式。但是,当前以应试教育为主的高中数学教学却存在着学生直观能力培养不足的困境。目前,我国高中生的几何直观想象意识较为薄弱,空间想象能力不强,数形结合应用不够紧密,很难进行问题的直观化。究其原因,主要是因为在教学中大多数教师仍然没有将直观想象素养融入教学实践中,不能够创设恰当的学习任务和情境,不能将几何直观素养渗透在日常教学中,从而导致学生整体直观想象素养能力不足。因此,教师必须重视学生数学核心素养能力的提升,要将直观想象能力作为教学目标,才能提高学生的整体素养。

## 二、数学直观想象能力研究的现状

### (一)国外直观想象能力研究的现状

对数学直观想象的研究已经跨过了心理学表象研究、思维科学研究和数学研究,成为数学教育心理学研究的一个新命题。在数学教育领域中,直观想象研究始于 20 世纪 80 年代。进入 21 世纪后,直观想象成为国际数学教育的重要研究领域,即将直观化作为数学学习的认知策略来进行研究,主要表现为:分析它在数学学习中的价值,研究直观想象能力与构建概念、数学成绩之间的相关性,分析如何体现出作用等。例如,德利法斯《论直观推理在数学和数学教育中的地位》一文中阐述了直观想象能力在学生数学学习中的地位。路斯则在实验中考虑新颖算法问题的可视化程度与问题解决的相关性。其研究结果表明,对新颖的算法应用问题,能够直观化问题要比不能够直观化问题出错少。格杰里奥的实验则注重空间旋转问题,分析问题特点,以及选择不同策略对解决问题的影响。其研究结果表明,当空间选择问题要求学生进行解释时，如果问题的对象较为简单，则学生趋向使用直观加工的策略；如果问题的对象较为复杂，则趋向使用非直观策略。劳瑞主要围绕问题的复杂性和策略的选择来进行研究，同时还会考虑使用不同的策略对解题成功的影响。其研究结果表明，当遇到新问题或者问题较为复杂时，学生会大概率采用直观想象方法，对一些简单的问题，则会采用非直观方法，在解决问题时，直观和非直观方法的选择与学生的性别无关。麦克理的研究则是将问题的表示方法（如语言、图表等）与学生的选择方法（如语言、图表、数形结合等）相结合来进行考虑。其研究结果表明，当问题用语言进行描述时，题干要求以形象进行加工，最终用语言来描述，这样的情况最困难，而其余的组合间并没有明显的差异。

（二）国内直观想象能力教学研究的现状

在我国，很多学者和教师都对直观想象能力进行了探讨和研究，他们认为直观教学原则的"直观"是一种具体的感性水平上的直观。对直观想象教学来说，我们可以从以下两个方面进行探讨，一是将几何直观在几何内容之外的数学教学中进行实践，另一种则是在几何课程范围中进行讨论。王敬庚认为，几何直观能够分析和思考问题，体现出数学的本质思想，这有助于学生进行深入的理解。他指出，我国目前的数学教学存在着一个较大的问题，即教师将注意力放在如何教学生用代数方式解几何问题上，而没有教授学生从几何角度来解决代数问题，因此导致学生直观想象能力不强。对此，他提出了相应的对策，即在具体教学过程中，要尽可能地画出图形，并通过分析和观察图形来找到隐藏的条件，然后通过对特殊点进行几何分析，进而有助于学生直观地猜想得到问题的解，从而全面简化问题。同时，蒋文蔚也指出，直观想象教学有助于学生对相关概念的理解，能够构造出反例,也可以证明不等式。

在新课程改革的背景下,直观几何、实验几何和传统几何课程被统称为综合几何。孔凡哲和史亮认为,直观几何和实验几何能够培养学生设计几何体的能力,使他们具有空间想象能力和论证能力。在此基础上,在义务教育阶段,高中几何课程要以"立体—平面—立体"为线索,强调与学生生活的联系,拓宽学生学习的领域,加强学生的动手操作能力,并强调他们的直观体验,而如何直观地展示几何内容,就成为大家关注的焦点。王建吾认为,在理论上,直观想象能够引出数学的证明,决定数学理论研究的方向;在证明中,直观想象能力则会提供证明的思路,是严格的逻辑证明。廉翠芳指出,学生在数学学习中,"数"与"形"是密不可分的两大部分,通过数形结合的方式解答问题,可以找到几何、代数、三角函数和解析几何等不同知识点之间的内在联系,因此在数学教学中必须重视"形"这一直观想象能力的教学。王希平认为,几何是将图形作为研究对象来研究相关的性质,应当在教学中重视几何直观教学,培养学生的直观想象能力,从而使学生借助几何直观来进行学习。

随着现代科技的快速进步,以计算机为代表的现代教育手段被广泛应用在高中数学课堂教学中,而这就使原来仅凭"描述"而呈现的内容更加直观、形象,还使学生更容易接受所学的知识。例如,数学中的函数图形通过数形结合动态地演示会比传统的板书教学更加生动,也更加易于学生学习。

随着计算机教学的大规模普及,讨论其在直观能力教学中优势的文章也快速增加,有的学者就将计算机的功能总结为:与学生开展高效互动;快速、准确地进行绘图;实现了图形的色彩、形式的连续变化等。对此,很多教师开展了教学实践。吴华和马东艳在论文中以情境认知理论、"情境—问题"理论和多媒体教学理论为基础,从创设合作实验情境来培养学生探究意识、通过创设主题运动情境来培养学生运动观、通过创设三维空间情境来培养学生空间智能、通过创设游戏互动情境来促进知识迁移等四个方面进行教学实践探索,并最终得出在多媒体课堂教学中,教师要根据教材内容和学生实际情况,从他们的需求出发创设与学生实际情况和教学目标相符的多媒体教学情境,从而促进学生数学核心素养的提升。可见,多媒体教学能够使数学知识更加直观、形象,使学生能够易于理解和掌握。因此,教师在教学中进行直观想象教学时,要从数形结合的角度来进行授课。

## 第二节　直观想象能力的内涵和意义

### 一、直观想象的概念界定

西方哲学家认为,"直观是未经充分逻辑推理而对事物本质的一种直接洞察,直接把握对象的全貌和对本质的认识"。心理学家认为,"直观是从感觉的具体的对象背后来发现抽象的、理想的能力"。而人们熟悉的直观则是对概念和证明的直接把握。新课程标准规定:几何直观主要是利用图形描述来分析问题。因此,想象是数学学习中不可缺少的思维活动,是高级认知的过程,是在头脑中对表现进行加工、改造和重新组合形成新形象的过程。

### 二、几何直观与想象素养

几何直观与想象有着紧密的联系,几何直观为想象提供了形象化的表面材料,而想象则为直观化的问题提供了思路,并贯穿整个几何直观的过程。几何直观涉及空间想象、合情推理和数形结合等内容。空间想象在借助几何直观理解或解决数学问题时，需要根据题干给出的材料或图像在脑海中想象出相关的图形，从而得到最有利于直观分析的几何图形，而这就要求学生具有识图和画图能力，并且能够动态地理解图形；对于合情推理来说，对数学问题进行直观分析，将题干中的已知条件与所学知识进行结合、联系，思考、猜想得到结果，找到问题的解题思路，此时想象能力就是解决问题的关键；对于数形结合来说，它是数学解题时的一种策略，可以借助数学关系来解决几何问题，借助几何图形来解决数学关系。因为数形结合与几何直观联系密切，所以教材中相关的内容通常具有数与形两方面特征。

良好的想象能力能够为发展几何直观能力做好铺垫，而几何直观能力又会促进想象力的有效提升，因此二者是相辅相成的关系。

## 三、直观想象能力的内涵及特征

直观想象能力主要指大脑对空间的形象感知，并借助几何图形来把握数学知识的本质特征，然后通过发现、描述和分析，最终解决数学问题的一种能力。更进一步讲，通过直观想象能力来解决数学问题，就是借助空间和形象来感知事物的变化，运用数学图形来找到问题的解决思路，经过数与形的结合，再通过推演论证来解决数学问题。

直观想象的内涵主要包含四个方面：一是通过想象构造数学问题的直观模型，体会图形与数量的关系及运动变化规律；二是借助于图形找到数学本质，探索相关规律；三是运用数形结合的思想来解决数学问题；四是在直观的背景下借助直观语言来探讨数学问题。

直观想象能力的特征主要包含三个方面。第一，整体性。几何直观与想象能力相辅相成，二者呈现一种整体性，整体显示数学问题。美国科学家斯蒂恩说:"如果一个特定的问题被转化为一个图形,那么思维就整体把握了问题,并且可以得到问题的创造性解法。"第二,相对性。对抽象程度而言,几何直观具有相对性,数学中的内容很多都是除去实物的具体属性抽象而得到的理想化定义。因此,几何直观图形相对于实物模型就显得不够直观。对于解析几何而言,二元一次方程的直线方程是由几何直观的推广定义的,即几何直观不能仅限于欧式几何图形。第三,简易性。数学知识往往具有抽象的特点,在进行直观化处理后就能简化,使知识易于掌握和应用,而这就是直观想象能力的特点。鉴于此,教师在教学中应当重视应用,要化繁为简。

## 四、直观想象能力的意义

### (一)教育价值

第一,易于理解,提升记忆。因为数学是一门很难让人感兴趣的学科,所以学生普遍感到难以掌握,并且在教材中有大量的推导证明,学生多感觉枯燥无味。长此以往,学生就会感觉数学很难学懂,从而也没有多少兴趣来学习数学。因此,教师要注重对相关内容进行直观分析,通过数形结合,从几何的角度来描述数学的相关理论和方法,使学生掌握数学内容的本质,从而让学生体会学习的成就感。

第二,生动形象,提升创造能力。从古至今,图形一直是数学家灵感的来源,如著名的"七桥问题",欧拉就是运用了直观想象能力,将实际问题进行抽象,画出了七桥问题的直观图,进而得到"一笔画"解决七桥问题的猜想。在解决问题的过程中,虽然逻辑推理能力起到了重要的作用,但是起决定性作用的还是直观想象能力。类似的实例还有地图的四色猜想等。因此,直观想象能力能够将数学知识变得生动形象,提升人类的创造力。

第三,简洁直观,表达思维。图像的语言能够启发学生解决问题的思路,提升他们的数学思维表达能力,为学生提供阐述想法的计划,提高学习的积极性。在教学中,教师要注重使用简洁、准确的语言来描述学生的思路,并帮助他们把握数学问题的主线,以启发和优化学生的数学思维。

（二）学科价值

第一,依托直观,把握数学本质。在数学教学中,教师要对数学知识进行直观化讲解,注重数学内容的直观化分析,帮助学生把握知识的本质特征。长此以往,学生就能有意识地借助数学图像来解决数学问题,从而养成运用空间想象来思考问题的习惯。

第二,以形助数,提升抽象思维。几何直观和想象能够弥补学生抽象思维能力的不足,能够帮助学生加深对数学知识的理解。

# 第三节　提升学生直观与想象素养的教学策略

## 一、在数学"结论"教学中对培养策略的探究

（一）联系生活,重视几何模型的制作与应用

几何模型是由现实世界物体经初步抽象而得到的几何体,即空间几何体是现实实物的简单化表达。教师要培养学生的直观想象能力,就需要制作和应用几何模型,培养他们对现实物体的初级抽象能力,从而为培养学生的数学直观想象素养打下坚实的基础。

人教版高中数学教材中,立体几何部分是培养学生空间想象能力的重要课程,主要是必修 2 和选修 2-1 部分。必修 2 是立体几何初步与空间向量初步,立体几何初步帮助学生初步形成空间观念,教师在教学中要从整体到局部、从具体到抽象来进

行教学。

　　第一章"空间几何体"能够培养学生的图形构建和感知能力,教师在教学中要从生活中的几何体入手,然后再制作空间几何模型,从而使学生对空间几何体产生相对直观的认识。紧接着,教材又讲授了三视图和直观图的相关内容,并帮助学生从不同角度来分析立体几何的图形,从而进一步培养学生的空间思维能力。第二章"点、直线、平面间的位置关系"则依托空间几何体(如立方体、长方体等)使学生更能够直观理解,并在此基础上来证明一些空间几何的定理和推论。

　　对于学生个体而言,亲自动手制作几何模型能够提高其学习的积极性。所以,教师在教学中要逐步引导学生通过观察实物,思考在制作过程中的一些问题,如几何模型由几个面构成? 每个平面都是怎样的形状? 是否会出现曲面? 各个部分之间存在怎样的联系? 有哪些平面可以从一张纸上裁出? 怎样用最少的纸片数来组成所需要的几何模型? 通过对问题的思考,学生能够逐步掌握制作模型的方法,发现几何模型的特点,并体会空间几何体元素之间的位置关系,从而为后续学习相关的定理打下坚实的基础。在讲解圆锥展开图时,笔者带领学生制作了圆锥模型。学生在学习过程中观察到圆锥侧面沿母线剪开的展开图是扇形,并且扇形的弧长与底面圆周长相等。在学习的过程中,有的同学会误以为沿母线剪开得到的展示图是三角形,这就需要引导学生动手实践来体会侧面展开图的形状。

　　在讲解直线与直线、直线与平面、平面与平面的位置关系时,笔者为了防止学生出现理解的错误,就采用一些基本的几何模型(如长方体)的棱与面的位置关系进行直观分析。在讲解概念和定理前,笔者先让学生对几何模型进行观察和分析,感受空间几何模型的形状和数量关系,然后在大脑中先形成较为直观的表象,从而完成从实物建立几何模型到想象建立几何模型的转变。

(二)结合图形,加强学生对数学结论几何意义的理解

在高中数学中,公式和定理都有着数与形两方面的特征,但在教材中却并没有深入分析直观表达的几何意义。如果教师不对这部分内容做进一步解释,就会出现学生过分重视抽象的语言而不能感受内在的本质。此外,对于一些没有思路的试题,学生借助直观想象的能力也能快速地找到解题的突破口,进而采用简单的解题方式进行解答。由于对数学结论的几何关系认识不够深入,导致学生难以找到解题的方法。针对上述问题,教师应当重视"形"的应用,引导学生深入探究结论背后隐藏的几何意义,加深对数学本质的认识,还要体会"图形化"记忆抽象内容的便利,从而快速提高数学学习的效果。

对于数学结论几何意义的不同特性,笔者将分为两大部分进行分析,一部分是解析几何部分;另一部分是函数内容。在解析几何中,每一个公式、概念都有相应的几何意义,然后通过数形结合,利用图形就能简单或者直接推理得到相应的公式,如直线的斜率概念、向量积、点到直线的距离公式等内容。如果函数的内容只是学习抽象的内容或者符号,学生很难全面把握相关知识。因此,教师要对函数的图像进行直观化表征,如集合、导数等相关的概念就可以用较为明确的几何图形来表示。在授课时,教师可应用韦恩图来表示集合及内在的关系,并借助于函数曲线来引导学生求解函数 $y = f(x)$ 在点 $x_0$ 处的割线斜率,然后再深入求取在点 $x_0$ 处的切线斜率,最后得到导数的概念。通过这样的教学,学生能够对数学概念、公式有更为直观、清晰的了解。

（三）列举实例，展示数学结论的本质

列举实例是学生掌握数学结论本质的一个重要手段。教师在教学中列举一些例子，采取直观化的表述，引导学生找到新知，深化对知识的理解程度，以帮助他们体会数学结论的本质。如在等比数列的教学中，教材就举出了细胞分裂个数的实例，让学生通过背景材料对等比数列的概念有初步了解，并在此基础上观察变化趋势，进而概括出等比数列的本质，最终再得到等比数列的通项公式。此外，对于一些抽象性的结论来说，只有教师给出直观的实例，学生才能领悟，才能把握住内在的本质内容。

（四）动静结合，运用计算机挖掘概念本质

随着现代科技的快速发展，计算机教学的好处越来越多，而合理、恰当地使用计算机技术能够有效地培养学生的直观和想象能力。教师在教学中可以应用几何画板等相关教学软件把静态的教材知识转化为动态演示，使学生在动静结合中感受数学结论的本质。运用计算机技术，主要有两点好处：第一，扩大信息容量，提高教学质量。计算机的云平台，具有存储量大的优势，学生能够获取更多的知识，有助于建立起完善的数学知识体系。第二，计算机技术可以帮助学生快速理解难点。高中数学学科具有较强的抽象思维特征，部分知识点（如立体几何、直线和圆的位置关系等）难度较大，学生不容易掌握。这时，教师就可以借助计算机技术设计多种课案，并运用软件展示技术让抽象知识变得形象、易懂。家长也可以根据计算机中显示的学生难点进行针对性的辅导，以帮助学生快速地掌握难点。

例如，运用动态软件观察函数的特征。在教材中，函数的图形往往都是给出的标准图形，如指数函数分别给出了在 $a>1$，$0<a<1$ 情况下的图形。学生通过对指数的概念和图形进行分析，得到它的基本性质和特征。在以往的教学中，笔者发现有的

学生误认为当 $a>1$ 时取 $a=2$,出现函数的直观图形位于 $y=x$ 之上的错觉。在教学过程中,笔者运用几何画板,通过改变 $a$ 的大小来展示图形的变化,使学生直观地感受到 $a$ 的变化所带来的影响,从而避免学生对概念的片面理解。

(五)注重关键,深入研究结论直观背景

在授课过程中,教师通过对直观背景进行分析,学生能够了解数学理论的形成脉络。在结论题的教学过程中,教师要尽可能地画出相关的示意图来解释证明的思路,以帮助学生用几何的思维来证明问题。此外,教师还可以发挥学生在学习中的主动性,让他们用自己的语言来描述对结论的感受,表述图形的画法,有助于理解解题的过程。

例如,在讲解余弦定理时,教材讲述了定理发现的背景,即为解决已知三角形两边及其夹角解三角形问题。在此情况下,笔者引导学生从不同的角度(如坐标法、向量法等)进行证明。在向量法中,学生要学会从边角关系出发联想到向量及数量积;在坐标法中,学生要学会构造垂线,掌握证明的关键步骤。

## 二、在解题教学中的培养策略研究

(一)强化用图意识,深化几何直观在解题中的应用

在解题的过程中,学生在明明知道自己解法比直观解法复杂的情况下,并没有反思改进的方式,随着这种思维的固化,学生不可能取得理想的学习效果。抽象的解题思维让学习过程更加形式化,学生不能感受到学习数学的快乐,而这就会导致整个学习过程枯燥无味。

教师要运用数形结合的思想借助图形来为学生讲授,并结合实际习题,让学生感受数学学习的乐趣。例如,有 25 个位子排成 5×5 的形式,有 3 个人要坐到位子上,要求他们位于不同

行、不同列,那么有几种选择方法?

对于这样一道稍微有点难度的试题,不少学生没有很好的解题方式,需要按照一般的思路从方阵中选出三行三列,这样的选法有 $C_5^3 C_5^3$ 种,然后从 $3 \times 3$ 的方阵中选出 3 个空位,这些空位属于不同行不同列的选法有 $C_3^1 C_2^1 C_1^1$,最后再将这三个人放入空位的方法有 $A_3^3$ 种,总共有 $C_5^3 C_5^3 C_3^1 C_2^1 C_1^1 A_3^3 = 3600$ 种。

看到学生算得非常吃力,笔者就引导学生运用图形的解法,先画图 $5 \times 5$ 的方阵空位(如图 5 - 1 所示),思考如何从图里面找到不同行不同列的空位,然后再一个个数出来,这样的解题思路是非常明确的。

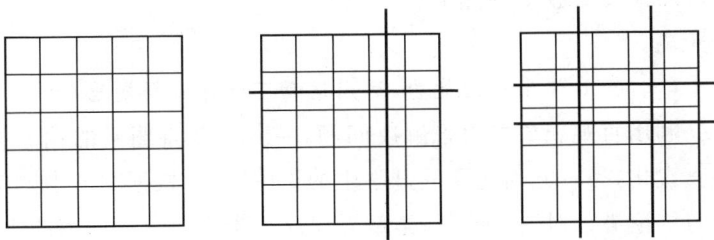

图 5 - 1　课堂表格运算方式

首先从 25 个空格之中选取第一个人的座位,即 $C_{25}^1$ 种,第二个人不可以与第一个人在同一行同一列,这样就要划去第一个人所在的行列,有 $C_{16}^1$ 种选法,运用上述相同的思想来选择第三个人,有 $C_9^1$ 种选法。综上所述,总共有 $C_{25}^1 C_{16}^1 C_9^1 = 3600$ 种。

(二)联系知识的几何意义

在教学过程中,大部分的试题借助图形都可以得到一定的简化。在此情况下,学生可以借助直观化的思想来进行想象,联想相关知识的几何意义,从而完成图形的构造,最终为顺利解题打下良好的基础。

例如,复数 $z$ 满足 $|z-\mathrm{i}|=2$,求 $|z+2-\mathrm{i}|$ 的范围。

学生一般会进行以下求解,设复数 $z=x+y\mathrm{i}$,其中 $x$, $y\in\mathbf{R}$,再应用相关的公式 $|a+b\mathrm{i}|$ 来求解答案,则很容易成为单纯的计算,如果稍微粗心一些,就很容易出现错误,并且浪费的时间过长。所以,笔者就引导学生练习复数绝对值的几何意义,$|z-\mathrm{i}|=2$ 可以视为复数 $z$ 到点 $(0,1)$ 的距离为2,在复平面上复数 $z$ 表示为以点 $(0,1)$ 为圆心,以2为半径的圆,如图 5-2 所示,则 $|z+2-\mathrm{i}|$ 可看成复数 $z$ 到点 $P(-2,1)$ 的距离。

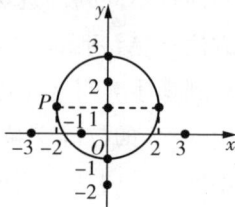

图 5-2　复数图示

(三)提升学生识图能力,运用运动变化探索解题思路

利用直观想象能力来解决问题,一方面要将题干的抽象材料直观化,另一方面还要提升学生的识图能力,根据图形中的信息与结论进行对比,进而探索解题思路。学生要提高识图能力,首先需要养成观察的好习惯,然后挖掘图形背后的隐藏信息,最后变换图形进行改造从而解决复杂的问题。

# 第四节　直观想象能力培养案例及反思

教学的方法是基于教学理论结合教材长期实践而成的,是教学理论与实践之间的"桥梁"。本节论述了在教学中如何培养学生的直观想象能力。

## 一、在数学结论教学中的应用案例

(一)数学概念教学设计

数学概念是人脑对现实对象的数量关系和空间形式的本质

特征的一种反映形式,即一种数学的思维形式。在数学概念的教学中,一般可分为概念的引入、形成和强化等内容。学生通过对概念的学习来提升直观想象能力具有重要的意义,而在教材的知识点中并非只有向量等几何部分能够培养学生的直观想象能力,在集合和数列等部分也可以提升直观想象能力。下面,笔者就以"数列的概念"作为案例进行讲解。

1. 概念的引入

师:在数学中的数列中有三角形、四边形、五边形、六边形(如图5-3所示),在现实生活中也有很多的数列,如倒置三角中的圆(如图5-4所示)。

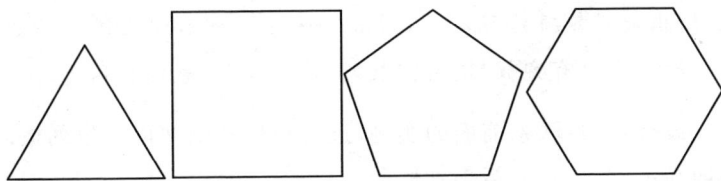

图5-3　三角形、四边形、五边形、六边形

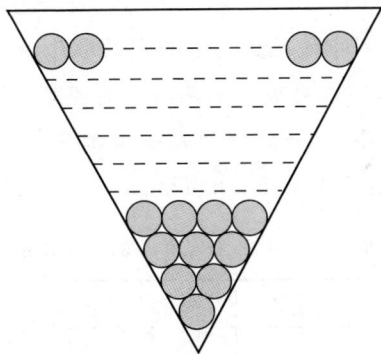

图5-4　倒置三角中的圆

师生活动:通过多媒体依次展示实例中的图片,引导学生发现其中的规律。

设计意图:通过具体案例,学生能够初步了解数列的概念,进而激发学生的学习兴趣。在生活化的情境中,学生可以体会其中的变化规律,并初步得到这种规律,从而得出数列的概念。

### 2. 概念的形成

思考:结合上述的数列形成过程进行观察,大家能否发现其中有何共同之处?

师生活动:每个数列都按照一定的顺序排列,前后数的差值符合一定的规律。教师引导学生归纳概念,在引出定义的基础上,给出数列各项的形式 $a_1,a_2,a_3,\cdots,a_n$。然后学生进行猜想,并将数列分为有穷数列、无穷数列、等差数列、等比数列等。

设计意图:联系前面的实例,进行猜想并归纳得出数列概念的内在本质,进行概括得到概念。

### 3. 概念的强化

提问1:"4,5,6,7,8"和"4,6,5,8,7"是否为同一个数列?

生:不是,数列中的元素具有一定的顺序和确定性。

提问2:大家可以对数列和函数进行类比,我们发现数列的概念非常强调有序性,即数列的每一项都有相应唯一对应的选项 $a_n$ 与之对应,具体如表5-1所示。

表5-1 序号 $n$ 与项 $a_n$ 的对应关系

| 序号 $n$ | 1 | 2 | 3 | 4 | 5 | 6 | 7 | … |
|---|---|---|---|---|---|---|---|---|
| 项 $a_n$ | 1 | 2 | 3 | 4 | 5 | 6 | 7 | … |

笔者运用几何画板软件,为学生动态展示表格中的点,具体

如图 5-5 所示。

提问 3：结合表 5-1 和图 5-5，你能否想到以前学过的知识？

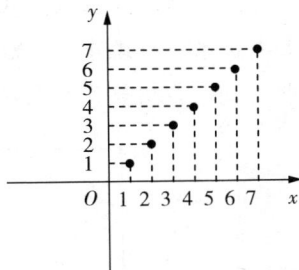

图 5-5 表格对应图

设计意图：通过知识的迁移，引导学生回想函数的概念，然后通过列表法和图形的结合，以函数的解析式来得到数列的通项公式，使他们更容易理解。

（二）数学结论的教学设计

数学结论是指已经证明正确的命题，如公式、定理等。在数学概念的教学中，分为结论的引入、分析和证明等。

数学结论的证明是数学教学的主要内容，具有抽象度高、难度大的特点。在数学授课中，教师如果能够借助直观表达为学生展示数学结论的几何意义及证明就会加深他们的理解程度。下面，笔者选取"基本不等式的证明"作为案例来提升学生的直观想象能力。

教学分析：本节课位于不等式的基础内容之后，学生需要学会推导并掌握基本不等式，理解这个基本不等式的几何意义，并掌握定理中的不等号"≥"取等号的条件是：当且仅当这两个数相等。从核心素养的角度看，借助直观的图形，学生能够在具体的学习情境中通过对图形的观察，分析图形与数量间的关系，解决教师提出的问题，形成"数形结合"的思想，从而让学生逐步养成运用图形解决问题的能力。

1. 不等式的引入

问题情境 1：图 5-6 是在北京召开的第 24 届国际数学家大

会的会标。该会标是根据中国古代数学家赵爽的弦图设计的，它看上去就像一个风车，代表中国人民热情好客。你能在这个图案中找出一些相等关系或不等关系吗？

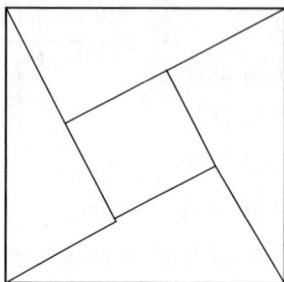

图 5-6　第 24 届国际数学家大会的会标

师生活动：根据赵爽弦图，笔者引导学生从面积的关系来找到不等关系，即 $a^2+b^2 \geqslant 2ab$，然后通过动画直观感受得到当 $a=b$ 时，$a^2+b^2=2ab$。在此基础上，学生要应用 $\sqrt{a}$ 和 $\sqrt{b}$ 来代替 $a$ 和 $b$，进而得出在 $a>0,b>0$ 时的基本不等式 $\dfrac{a+b}{2} \geqslant \sqrt{ab}$。

设计意图：通过赵爽弦图，学生运用数形结合的思想来分析、抽象得到基本不等式，然后借助几何画板的动态演示形成直观感受，从而提升学生的直观想象力。

2. 初步认识基本不等式，理解其表达的意义

提问 1：大家观察下 $\dfrac{a+b}{2} \geqslant \sqrt{ab}$，能否说出 $\dfrac{a+b}{2}$ 与 $a,b$ 分别存在着怎样的代数和几何关系？

生：$\dfrac{a+b}{2}$ 在 $a>0,b>0$ 的情况下是二者的"平均数"，$\sqrt{ab}$ 则

是矩形($a,b$ 为边长)面积的开方。

师：通过大家上述的论述，从数学运算的角度，定义 $\dfrac{a+b}{2}$ 为正数 $a$ 和 $b$ 的"平均数"，称为"算数平均数"；从几何的角度，定义 $\sqrt{ab}$ 是长为 $a$，宽为 $b$ 的矩形面积相等的正方形的边长，称为"几何平均数"。

提问 2：大家想下，如何对基本不等式用文字语言进行描述呢？

生：两个正数的算术平均数不小于它们的几何平均数。

设计意图：学生通过基本不等式深挖其背后隐藏的本质内容，用严谨的语言描述基本不等式的结构，从而深化对基本不等式概念的理解，提升图形和语言能力。

3. 基本不等式的证明

探究一：图 5-7 是笔者运用几何画板画出的图形，其中，假设 $AC$ 为圆的直径，$AB=a$，$BC=b$，过点 $B,O$ 作 $AC$ 的垂线 $EB,DO$，其中 $E,D$ 是圆上的点，试分析图中线段的长度，根据这个图形是否能得到基本不等的几何解释？

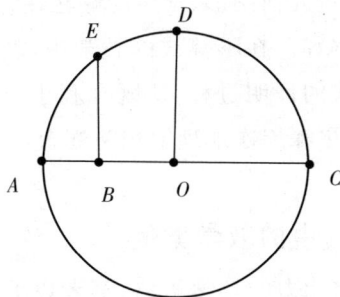

图 5-7　基本不等式证明方法一

生：根据图形纷纷展开思考，通过 $\triangle ABE \backsim \triangle EBC$，得 $EB = \sqrt{ab}$，所以 $DO \geqslant EB$，即 $\dfrac{a+b}{2} \geqslant \sqrt{ab}$。

探究二：在学生进行完探究一的基础上，笔者要求学生进行本次探究，设 $BC$ 是圆 $O$ 的直径，延长线段 $CB$ 到点 $A$，$AB=a$，$AC=b$，$AD$ 与圆相切于点 $D$，试分析图 5-8 中线段的长度，然后根据这个图形是否能得到基本不等的几何解释？

生：在 $\text{Rt}\triangle ADO$ 中，$AO=\dfrac{a+b}{2}$，$AD=\sqrt{ab}$，由直角边小于斜边，得到 $\dfrac{a+b}{2} \geqslant \sqrt{ab}$。

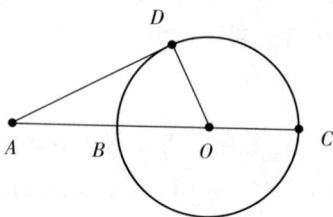

图 5-8　基本不等式证明方法二

设计意图：通过几何图形，学生能够在熟悉的情境中探究基本不等式的几何解释。在不等式的教学中，教师通过几何图形来讲授基本不等式的证明过程，这既有利于提升学生的直观想象能力，引导他们更深层次地理解相关概念，又能在潜移默化中培养其几何思维。

## 二、数学解题中的教学案例

结合直观想象能力的教学策略，笔者以下面的这道试题为案例，探讨培养学生的直观想象数学核心素养。

例　图 5-9 为某个工厂生产样品的三视图，其中三角形为正三角形,长度为 2。如果将该工件进行切割加工,加工成为一个长方体,要求此长方体的体积要尽可能大,新工件的一个面要位于原工件的一个面内,则原工件的利用率为(　　)。(利用率＝新工件体积÷原工件体积)

A. $\dfrac{8}{9\pi}$　　B. $\dfrac{16}{9\pi}$　　C. $\dfrac{(4\sqrt{2}-1)}{\pi}$　　D. $\dfrac{12(\sqrt{2}-1)}{\pi}$

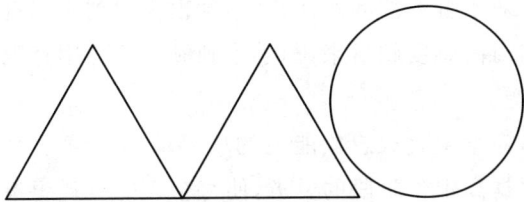

图 5-9　样品的三视图

**解析:**设长方体的长、宽、高分别为 $x,y,h$,则长方体的上截面与圆锥的截面半径为 $a$,所以 $x^2+y^2=4a^2$,$\dfrac{a}{1}=\dfrac{2-h}{2}$。因此,

$h=2-2a$,所以 $V=xyh\leqslant\dfrac{x^2+y^2}{2}h=2a^2h=2a^2(2-2a)=2a\times$

$a(2-2a)\leqslant2(\dfrac{a+a+2-2a}{3})^3=\dfrac{16}{27}$,即当且仅当 $x=y,a=\dfrac{2}{3}$时,

等号成立,故材料利用率为 $\dfrac{8}{9\pi}$。

试题评价:借助圆锥的轴截面来探究长方体与圆锥半径的关系,合理地选择圆锥的截面半径来构建数学模型,再运用基本不等式来解决问题。

### 三、直观想象能力的教学反思

几何直观想象能力是数学核心素养的主要内容之一,在学习中有着重要的作用。根据相关调查,高中生的直观想象能力仍然较为薄弱,缺乏应用直观想象能力的意识。因此,笔者对直观想象能力做出以下反思。

第一,在教学策略中,高中数学教师要能够将直观想象能力融入实际教学中,并通过教学实践来提升学生的直观想象能力。教师通过开展直观想象能力的教学设计,具体阐释和培养学生的这种能力,并将其融入具体的教学过程中。

第二,对于普通的问题而言,学生很少想到应用直观想象能力来解题,对高难度题目来说,学生则倾向于应用直观想象能力来解决问题。

第三,对学生直观想象能力的培养应当持续学习的各个阶段,然后根据高中各阶段的要求,使每个人的直观想象能力达到教学大纲的要求。同时,学校和教师还要能够设计出合理的直观想象能力的教学评价方式,然后采用个性化的培养方式,使每个学生都能够成长、成才。

# 第六章 数学运算能力的形成

运算能力是数学能力的基本组成之一,是指运用有关运算的知识进行运算、推理求得运算结果的能力。作为高中数学核心素养的重要组成部分,教学运算能力不如其他能力那般有章可循,需要广大数学教师在平时的授课中帮助学生慢慢提升。

## 第一节 运算及分析能力的研究背景及现状

### 一、数学运算能力研究的背景

在高中数学中,运算能力不仅是学生基本的数学能力,还是其他能力的基础。20世纪,我国教学大纲就明确指出要培养学生正确、迅速计算的能力,而新课程标准指出数学学科要注重对学生能力的考察,这里的能力当然包括运算能力。随着时代的快速发展,国家和社会越来越重视学生的运算能力,并对此进行了深入而全面的研究。

在教学实践中,笔者发现许多教师在培养学生运算能力时较重视结果,忽视过程,重视解题速度,忽视解题效率,而这也严重地影响了学生运算能力的发展,使学生很容易在考场上丢失分数,而且也不符合当今学生数学能力的发展要求。随着教材版本的改变,基础知识也在发生变化,但对学生数学计算能力的要求却并没有发生任何变化,这也从侧面显示出数学计算能力的重要性。

## 二、我国高中生数学运算能力的现状及产生原因

笔者在多年的教学中发现,很多学生在高中数学学习中,只会机械地套用相关的数学公式和定理,而不顾题干的材料背景,然后进行盲目地推理演算,并且学生在运算过程中缺乏选择合理、简洁的运算方法的意识,从而造成整个运算过程十分烦琐,错误率很高。不少教师和学生对运算能力的内涵缺乏科学认识,常常将运算过程中的错误原因归结到非认知因素上,认为是"马虎""粗心""不注意"才造成运算错误。他们总是看重解题过程中的方法和思路,而对于数学运算的具体过程,对运算过程中的合理性、简洁性等都没有足够重视。在高考中,半数以上的题目都需要进行运算,学生运算能力普遍偏差,高考数学成绩不理想,运算问题成了莘莘学子升学的拦路虎。究其原因主要体现在以下三个方面。

第一,从学生学习的外部原因看:第一,高中课程改革削弱了运算要求(如集合及逻辑关系、常用的逻辑用语、计数原理、推理与证明、框图等)。第二,计算器的广泛运用削弱了运算意识。学生有时候在计算过程中会应用计算器,而这就导致他们不注重手算和心算的过程,从而削弱了运算的意识。第三,从小学到初中对学生减负、愉快教育等教学理念阻碍了学生运算能力的健康发展,并且一些教师对数学运算缺乏正确的认识,从而导致学生运算能力越来越差。第四,教师关于运算的教学力度不够,对数学题重思路、轻运算,学生普通表现为计算能力较差。

第二,从学生学习的内部原因看:第一,数学学习方法的问题,即不注重知识储备,不重视基础,不注重对数学思想方法的归纳、反思和总结。第二,数学学习过程出现问题,即对相关的

概念理解不清,学生容易因概念模糊而运算失误,记不住数学公式、性质;数据处理能力(计算、排序、筛选、分类讨论等)差;在审题的过程中,不够仔细,表达能力差,加之个人运算习惯差,做题时急于求成,粗枝大叶,从而导致心里想的和手上写的不一致;个体心理素质差,演绎了从"不喜欢—害怕—恐惧"的运算。

第三,对于数学运算及运算能力的认识。运算能力是数学中最基础却又应用最广的一种能力,关系着学生做题的成败。

同时,运算能力还是思维能力和运算技能的结合,运算包括对数字计算、估值和近似计算,对式子的组合变形与分解变形,对几何图形的计算求解,等等。学生的运算能力包括分析运算条件、探究运算方向、选择运算程序等一系列过程的思维能力,也包括在实施运算过程中遇到障碍而调整运算的能力。同时,运算能力从计算技能和逻辑思维两个方面来体现。

在计算技能方面:第一,是否记住数学教材中的计算公式、法则,并能准确地运用公式和法则进行计算。第二,在进行数学计算时,能否通过数、式、方程和不等式来计算出正确的结果,速度是否迅速,过程是否合理。第三,能否进行各种查表和使用计算器计算。

在逻辑思维方面:第一,是否合理地使用数学公式和法则。第二,选择的运算方法和过程是否合理、简单。第三,对运算过程中出现的错误,能否自我改正从而找到正确的答案。第四,能否简化运算过程并进行"跳步"计算。第五,学生个人心算、速算、估算水平如何。

# 第二节　运算及分析能力

## 一、数学运算能力的概念

一些科学家在数学能力的界定中,重视解决数学任务,而解决的方法则是数学运算能力。在国内,有很多学者界定了高中生的数学运算能力。徐有标认为,数学运算并不是简单进行公式的加减乘除,而是在运算过程中,能够合理、简单又正确地完成数学任务的心理。简洪全认为,数学能力是根据学过的概念、公式及定理对问题进行变形后得到正确的运算结果,通过分析条件来得到合理的运算途径,并对数据有正确的预估能力。尽管大家对数学运算能力的概念有不同的认识,但在本质上都大同小异。笔者综合各方面的观点认为,数学运算能力是指学生根据概念、法则、公式等内容对数和式进行变形,对数据进行正确处理和运算的能力,并且学生在运算的过程中要运用自己的数学思维来对数据进行预估,最终较为快速、简洁地得到运算结果。

## 二、数学运算能力的组成要素

笔者根据对上述数学运算能力的界定认为,数学运算能力由以下五个要素组成。

### 1. 深挖题干信息的能力

学生在阅读完问题的材料后,除找到题目的已知条件外,还要能够挖掘出隐含的信息,然后通过对这些信息进行分析,弄明白问题的基本结构再找到解题的思路,综合运用所学到的公式、定理,从而为后续合理地选择计算过程做好铺垫。

### 2. 运用概念、公式和定理等进行计算的能力

新课程标准明确指出,高中生要具备正确、熟练应用概念、公式和定理进行计算解题的能力,而且这种能力是解决数学问题的基础,也是解题的关键,教师要在教学中着重培养学生的这种能力。

### 3. 恰当、合理地选择运算方法的能力

在解题的过程中,往往会出现一题多解的情况,如何正确、

快速地选择合理的解题方式,节省做题的时间,提升运算的正确性,也是学生要努力的方向。

4. 简化运算过程的能力

简化运算是在恰当、合理地选择运算方法后开展的,学生只有在掌握合理的运算方法后才能进行相应的简化,才能提高做题时的运算速度,简化解题的步骤,最终提高解题效率。

5. 应用数学思维的能力

在高中数学的解题中,学生不仅只是简单对概念、公式和定理的套用,在数学运算的背后还渗透着数学的思维。对于已经做过的练习题,学生遇到的概率很低,但应用过的数学思维则会不断地重现。因为数学思维的运用能够明确问题的解答和运算过程,所以应用数学思维的能力也体现了数学运算能力较高层次的要求。

## 三、数学运算能力对学生学习数学的影响

根据多年的教学经验,通过与往届学生和其他教师的交流,笔者发现学生运算能力的高低对高中生的数学学习有着非常重要的影响。主要体现在以下三个方面。

1. 影响学生的学习主动性和兴趣

对于一些底子较差的学生来讲,他们的数学运算能力较低,经常会出现做错题目的现象,即使是曾经做过的试题也会出错。对于那些数学运算能力较普通的学生来讲,当遇到较难的试题或者运算复杂的试题时,加上学生自身的心理素质不够强大,常常会出现烦躁的心理,这样就不能选择合理的运算方法而做错试题。长此以往,学生的学习兴趣就会降低。

2. 直接影响学生的解题速度

在教师布置相同作业量的情况下,运算能力较强的学生会很快地完成,而运算能力较差的学生则需要花费更多的时间完

成。一旦到了考试,尤其是高考时,做题速度快的学生能够较好地完成试卷中的所有题目,甚至还有检查的时间,对速度较慢的同学来说,则会因为不能做完试题而丢失不该丢失的分数,降低学生的数学成绩。

3. 影响课堂的学习气氛

对于学生而言,大部分的学习活动主要来自课堂,如果运算能力较低就不能跟上教师的授课节奏,在课后即使付出更多的精力,也不能得到与课堂一样的学习效果。在讲授一些需要计算的内容时,教师往往会在黑板上进行演算,也会让学生在讲台下计算结果,但是只能照顾到大部分学生的需求,不能等到最后一个学生计算完成再继续讲课。此时,计算能力较差的学生就会出现错误甚至不能计算出结果,从而导致"一步跟不上,步步跟不上"的情况发生。随着这种情况的持续,学生就不能感受到数学的乐趣,更不会积极回答数学问题,这样既降低了课堂的学习氛围,又影响了整个数学课堂教学。

# 第三节　影响高中学生数学运算能力发展的原因

## 一、基础知识对发展学生运算能力的影响

正所谓"基础不牢、地动山摇",基础知识对学生的运算能力有着决定性的影响,即如果不能熟练掌握基础知识,就会影响运算的结果。在数学教材中,概念、公式和定理等内容都是基础知识。根据笔者多年的教学经验,基础知识掌握的不熟练将影响学生的运算能力,并且笔者发现,有的学生在做题时常翻看教材和笔记本,而这也从侧面说明基础知识的重要性。例如下面两道例题,大多数的学生都能做对,但有的学生却因为不能熟练掌握公式造成符号的错误,也有的学生不能够熟练地处理根号,从

而不能找到解题的有效方法。因此，教师在教学中要引导学生探究发现基础知识的形成过程，以使他们能够真正地理解基础知识，从而避免学生机械式的记忆。

**例 1** 化简：$\dfrac{\sin(\pi-\alpha)\cos(2\pi-\alpha)\tan(-\pi+\alpha)}{-\tan(-\pi-\alpha)\sin(-\pi-\alpha)}$。

错误解法 1：原式 $=\dfrac{-\sin\alpha\cos\alpha\tan\alpha}{-\tan\alpha\sin\alpha}=\cos\alpha$

错误解法 2：原式 $=\dfrac{\sin\alpha\cos\alpha\left(\dfrac{\sin\alpha}{\cos\alpha}\right)}{\left(\dfrac{\sin\alpha}{\cos\alpha}\right)}\sin\alpha=\cos\alpha$

由于对相关公式记忆不深刻，这就导致化简过程出现混乱，从而导致符号出现错误。

**例 2** 假如 $\alpha$ 为第二象限内的角，化简：$\cos\alpha\sqrt{\dfrac{1-\sin\alpha}{1+\sin\alpha}}+\sin\alpha\sqrt{\dfrac{1-\cos\alpha}{1+\cos\alpha}}$。

错误解法：$\cos\alpha\sqrt{\dfrac{1-\sin\alpha}{1+\sin\alpha}}+\sin\alpha\sqrt{\dfrac{1-\cos\alpha}{1+\cos\alpha}}=\cos\alpha$

$\sqrt{\dfrac{(1-\sin\alpha)(1-\sin\alpha)}{(1+\sin\alpha)(1-\sin\alpha)}}+\sqrt{\dfrac{1+\cos^2\alpha}{\sin^2}}=-\sqrt{1+\sin^2\alpha}$

$+\sqrt{1+\cos^2\alpha}$

正确解法：原式 $=\cos\alpha\dfrac{\sin\dfrac{\alpha}{2}-\cos\dfrac{\alpha}{2}}{\sin\dfrac{\alpha}{2}+\cos\dfrac{\alpha}{2}}+\cos\alpha\dfrac{\sin\dfrac{\alpha}{2}}{\cos\dfrac{\alpha}{2}}=$

$\dfrac{\left(\sin\dfrac{\alpha}{2}-\cos\dfrac{\alpha}{2}\right)^2}{\sin^2\dfrac{\alpha}{2}-\cos^2\dfrac{\alpha}{2}}+\sin^2\dfrac{\alpha}{2}=-\left(\sin\dfrac{\alpha}{2}-\cos\dfrac{\alpha}{2}\right)^2+2\sin^2\dfrac{\alpha}{2}=$

$\sin\alpha - \cos\alpha$。

根据相关的调查研究,有一半的学生在做题时不会思考不同的解题思路,学生完成作业的目的只是为了应付教师,认为只要完成就可以,没必要去浪费精力来思考不同的方法。其实,不同的解题方法既能够提升学生的运算能力,又能够拓展他们的解题思路。

## 二、数学思想对发展学生运算能力的影响

数学的思想是学生分析的工具,也是处理数学问题的观点,影响着学生整个运算的过程。通过学习数学思想,学生能够掌握解题的整个思路,有助于其顺利进行数学计算,透彻理解数学知识。如果不能全面地掌握数学思想(如分类讨论、数形结合、函数与方程等),就会严重影响解题的全面性,从而丢失一部分分数。

### (一)分类讨论思想

在解答某些数学问题时,有时候会遇到多种情况,对这些情况加以分类,并逐类求解,然后综合归纳,这就是分类归纳法。分类讨论是一种逻辑方法,也是一种数学思想。有关分类讨论的数学问题具有明显的逻辑性、综合性和探索性,还能够训练学生思维的条理性和概括性。因此,这类数学问题在高中试题中占有重要的位置。下面,我们就以两道例题来讲述分类思想在高中数学中的应用。

**例 1** 若函数 $f(x)=a+b\cos x+c\sin x$ 的图像经过点 $(0,1)$ 和 $\left(\dfrac{\pi}{2},1\right)$ 两点,且当 $x\in\left[0,\dfrac{\pi}{2}\right]$ 时,$|f(x)|\leqslant 2$ 恒成立,则实数 $a$ 的取值范围是_____。

解析:由 $f(0)=a+b=1$,$f\left(\dfrac{\pi}{2}\right)=a+c=1$,得 $b=c=1-a$,

$$f(x)=a+(1-a)(\sin x+\cos x)=a+\sqrt{2}(1-a)\sin\left(x+\frac{\pi}{4}\right)。$$

$$\because \frac{\pi}{4}\leqslant x+\frac{\pi}{4}\leqslant \frac{3\pi}{4},$$

$$\therefore \frac{\sqrt{2}}{2}\leqslant \sin\left(x+\frac{\pi}{4}\right)\leqslant 1。$$

① 当 $a\leqslant 1$ 时，$1\leqslant f(x)\leqslant a+\sqrt{2}(1-a)$。$\because |f(x)|\leqslant 2$，$\therefore$ 只要 $a+\sqrt{2}(1-a)\leqslant 2$，解得 $a\geqslant-\sqrt{2}$，$\therefore -2\leqslant a\leqslant 1$。

② 当 $a>1$ 时，$a+\sqrt{2}(1-a)\leqslant f(x)\leqslant 1$，$\therefore$ 只要 $a+2(1-a)\geqslant-2$，解得 $a\leqslant 4+3\sqrt{2}$，$\therefore 1<a\leqslant 4+3\sqrt{2}$。

综合上可知，实数 $a$ 的取值范围为 $[-2,4+3\sqrt{2}]$。

**例 2** 已知函数 $f(x)=x|x^2-a|$，$a\in \mathbf{R}$。

(1)当 $a\leqslant 0$ 时，求证函数 $f(x)$ 在 $(-\infty,+\infty)$ 上是增函数。

(2)当 $a=3$ 时，求函数 $f(x)$ 在区间 $[0,b]$ $(b>0)$ 上的最大值。

解析：(1) $\because a\leqslant 0$，$\therefore x^2-a\geqslant 0$，$\therefore f(x)=x(x^2-a)=x^3-ax$，$f'(x)=3x^2-a$，$\because f'(x)\geqslant 0$ 对 $x\in \mathbf{R}$ 成立，$\therefore$ 函数 $f(x)$ 在 $(-\infty,+\infty)$ 上是增函数。

(2)当 $a=3$ 时，

$$f(x)=x|x^2-3|=\begin{cases}3x-x^3, & -\sqrt{3}<x<\sqrt{3}\\ x^3-3x, & x\leqslant-\sqrt{3}\text{ 或 } x\geqslant\sqrt{3}\end{cases}$$

① 当 $x<-3$ 或 $x>3$ 时，$f'(x)=3x^2-3=3(x-1)(x+1)>0$。

② 当 $-3<x<3$ 时，$f'(x)=3-3x^2=-3(x-1)(x+1)$。

当 $-1<x<1$ 时，$f'(x)>0$。

当 $-3<x<-1$ 或 $1<x<3$ 时，$f'(x)<0$。

$\therefore f(x)$ 的单调递增区间是 $(-\infty,-3]$，$[-1,1]$，$[3,+\infty)$；

$f(x)$ 的单调递减区间是 $[-3,-1]$，$[1,3]$。

由区间的定义可知，$b>0$。

① 若 $0<b\leqslant 1$ 时，则 $[0,b]\subseteq[-1,1]$，因此函数 $f(x)$ 在 $[0,b]$ 上是增函数，

∴ 当 $x=b$ 时，$f(x)$ 有最大值 $f(b)=3b-b^3$。

② 若 $1<b\leqslant 3$ 时，$f(x)=3x-x^3$ 在 $[0,1]$ 上单调递增，在 $[1,b]$ 上单调递减，在 $x=1$ 时取到极大值 $f(1)=2$，并且该极大值就是函数 $f(x)$ 在区间 $[0,b]$ 上的最大值。

∴ 当 $x=1$ 时，$f(x)$ 有最大值 $2$。

③ 若 $b>3$ 时，当 $x\in[0,\sqrt{3}]$ 时，$f(x)=3x-x^3$ 在 $[0,1]$ 上单调递增，在 $[1,\sqrt{3}]$ 上单调递减，因此，在 $x=1$ 时取到极大值 $f(1)=2$，在 $x\in[\sqrt{3},b]$ 时，$f(x)=x^3-3x$ 在 $[\sqrt{3},b]$ 上单调递增，在 $x=b$ 时，$f(x)$ 有最大值 $f(b)=b^3-3b$。

当 $f(1)\geqslant f(b)$，即 $2\geqslant b^3-3b$，$b^3-b-2b-2\leqslant 0$，$b(b^2-1)-2(b+1)\leqslant 0$，$(b+1)^2(b-2)\leqslant 0$，$b\leqslant 2$，∴ 当 $\sqrt{3}<b\leqslant 2$ 时，在 $x=1$ 时，$f(x)$ 取到最大值 $f(1)=2$。

当 $f(1)<f(b)$，解得 $b>2$，∴ 当 $b>2$ 时，$f(x)$ 在 $x=b$ 时取到最大值 $f(b)=b^3-3b$。

综上所述，函数 $y=f(x)$ 在区间 $[0,b]$ 上的最大值为

$$y_{\max}=\begin{cases}3b-b^3,0<b\leqslant 1\\2,1<b\leqslant 2\\b^3-3b,b>2\end{cases}$$

(二)数形结合思想

在古代兵法《三十六计》开篇中有一句话："数中有术，术中有数。"可以理解为：不同的战争形势自有其对战策略，同时，在

每项对战策略中,又存在着多种战争的变化形式。同样,在数学中存在着数和形两种最基本的元素,正是基于数和形的抽象研究才产生了数学这门学科。因此,在研究数学问题时,笔者常常引导学生根据数学问题的条件和结论之间的内在联系,将数的问题利用形来观察,并提醒其几何意义;而形的问题也借助于数的思考,分析其代数含义,这样数与形的巧妙结合,就会使解题更加快捷灵活,而这就是我们常说的数形结合的思想。

在高中数学的考试中,选择题和填空题往往使用数形结合方法,即"以形助数",将数量关系的研究转化为图形性质的研究,使代数问题几何化;在解答题中突出形到数的转化,即"以数解形",把图形性质的研究转化为数量关系的研究,使几何问题代数化,解析几何就是非常典型的例子,即由"形"转到"数",往往较为明显,但也需要学生具备较强的数形结合的意识。

**例 1**　直线 $l_1$ 和 $l_2$ 是圆 $x^2 + y^2 = 2$ 的两条切线,若 $l_1$ 与 $l_2$ 的交点为 $(1,3)$,则 $l_1$ 与 $l_2$ 的夹角的正切值等于_____。

利用两点间距离公式及直角三角形求 $\triangle AOB$ 各边,进而利用二倍角公式求夹角的正切值。如图 6-1 所示,$|OA| = \sqrt{1+9} = \sqrt{10}$。

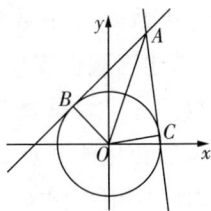

图 6-1　例 1 图示

$\because$ 半径为 $\sqrt{2}$,

$\therefore |AB| = \sqrt{|OA|^2 - |OB|^2}$

$\qquad = \sqrt{10-2} = 2\sqrt{2}$

$\therefore \tan\angle OAB = \dfrac{OB}{AB} = \dfrac{\sqrt{2}}{2\sqrt{2}} = \dfrac{1}{2}$,

$\therefore$ 角的正切值为 $\tan\angle CAB = \dfrac{2\tan\angle OAB}{1 - \tan^2\angle OAB} = \dfrac{4}{3}$。

**例2** 如果实数 $x,y$ 满足等式 $x^2+y^2-4x+1=0$，那么 $\dfrac{y}{x}$ 的最大值为 _____。

解析：初看此题，形式上是一道代数题，站在代数的角度看，令人茫然无措。对关系式 $x^2+y^2-4x+1=0$ 化为 $(x-2)^2+y^2=(\sqrt{3})^2$，很自然地与圆的方程联系起来。而 $\dfrac{y}{x}$ 恰为点 $(x,y)$ 与原点连线的斜

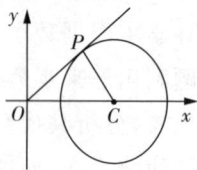

图 6-2　例2图示

率，这便把问题与"形"结合起来。问题相当于"动点 $P(x,y)$ 在圆 $C$ 上运动，求直线 $OP$ 的斜率的最大值"的几何问题。

观察图 6-2 易得：当 $P$ 在第一象限，并且 $OP$ 与圆 $C$ 相切时，$OP$ 的斜率最大，这时由于 $PC\perp OP$，所以 $\tan\angle OPC=\dfrac{|PC|}{|OP|}=\sqrt{3}$。

（三）函数与方程思想

函数是高中数学的主线，它用联系和运动、变化的观点研究、描述客观世界中相互关联的量之间的依存关系，从而形成变量数学的一大重要基础和分支。函数思想以函数知识为基石，用运动变化的观点分析和研究数学对象间的数量关系，使函数知识的应用得到极大的扩展，丰富并优化了数学解题活动，并给数学解题带来很强的创新能力。因此，函数与方程思想越来越成为数学高考的长盛不衰的热点。

**例1** （2014·新课标全国Ⅱ）设函数 $f(x)=3\sin\dfrac{\pi x}{m}$。若存在 $f(x)$ 的极值点 $x_0$ 满足 $x_0^2+[f(x_0)]^2<m^2$，则实数 $m$ 的取值范围是（　　）。

A. $(-\infty,-6)\bigcup(6,+\infty)$

B.$(-\infty,-4)\bigcup(4,+\infty)$

C.$(-\infty,-2)\bigcup(2,+\infty)$

D.$(-\infty,-1)\bigcup(1,+\infty)$

解析：函数与方程思想，将特称命题与全称命题相互转化，即转化为不等式恒成立问题。

∵$f(x)=3\sin\dfrac{\pi x}{m}$的极值点即为函数图像中的最高点或最低点的横坐标，由三角函数的性质可知 $T=\dfrac{2\pi}{\dfrac{\pi}{m}}=2m$,∴$x_0=\dfrac{m}{2}+km(k\in$

Z)。假设不存在这样的 $x_0$，即对任意的 $x_0$ 都有 $x_0^2+[f(x_0)]^2\geqslant m^2$，则$\left(\dfrac{m}{2}+km\right)^2+3\geqslant m^2$,整理得 $m^2\left(k^2+k-\dfrac{3}{4}\right)-3\geqslant0$,即 $k^2+k-\dfrac{3}{4}\geqslant-\dfrac{3}{m^2}$恒成立。

∵$y=k^2+k-\dfrac{3}{4}$的最小值为$-\dfrac{3}{4}$（当 $k=-1$ 或 0 时取得），

故$-2\leqslant m\leqslant2$,

∴原特称命题成立的条件是 $m>2$ 或 $m<-2$。

**例 2**　（2014·北京）已知函数 $f(x)=x\cos x-\sin x$,$x\in[0,\dfrac{\pi}{2}]$。

(1)求证：$f(x)\leqslant0$。

(2)若 $a<\dfrac{\sin x}{x}<b$ 对 $x\in\left(0,\dfrac{\pi}{2}\right)$ 恒成立，求 $a$ 的最大值与 $b$ 的最小值。

解析：(1)由 $f(x)=x\cos x-\sin x$,得 $f'(x)=\cos x-x\sin x-\cos x=-x\sin x$。

∵在区间$(0,\dfrac{\pi}{2})$上,$f'(x)=-x\sin x<0$,

$\therefore f(x)$ 在区间 $\left(0, \dfrac{\pi}{2}\right)$ 上单调递减,

$\therefore f(x) \leqslant f(0) = 0$。

(2) 当 $x > 0$ 时,"$\dfrac{\sin x}{x} > a$"等价于"$\sin x - ax > 0$";"$\dfrac{\sin x}{x} < b$"等价于"$\dfrac{\sin x}{x} - bx < 0$"。

令 $g(x) = \sin x - cx$,则 $g'(x) = \cos x - c$。

当 $c \leqslant 0$ 时,$g(x) > 0$ 对任意 $x \in \left(0, \dfrac{\pi}{2}\right)$ 恒成立。

当 $c \geqslant 1$ 时,$\because$ 对任意 $x \in \left(0, \dfrac{\pi}{2}\right)$,$g'(x) = \cos x - c < 0$,

$\therefore g(x)$ 在区间 $\left[0, \dfrac{\pi}{2}\right]$ 上单调递减,

$\therefore g(x) < g(0) = 0$ 对任意 $x \in \left(0, \dfrac{\pi}{2}\right)$ 恒成立。

当 $0 < c < 1$ 时,存在唯一的 $x_0 \in \left(0, \dfrac{\pi}{2}\right)$ 使得 $g'(x_0) = \cos x_0 - c = 0$。

表 6-1　$g(x)$ 与 $g'(x)$ 在区间 $\left(0, \dfrac{\pi}{2}\right)$ 上的情况

| $x$ | $(0, x_0)$ | $x_0$ | $\left(x_0, \dfrac{\pi}{2}\right)$ |
|---|---|---|---|
| $g'(x)$ | $+$ | $0$ | $-$ |
| $g(x)$ | ↗ | | ↘ |

$\because g(x)$ 在区间 $[0, x_0]$ 上是增函数,

$\therefore g(x_0) > g(0) = 0$。

进一步讲,"$g(x) > 0$ 对任意 $x \in \left(0, \dfrac{\pi}{2}\right)$ 恒成立"当且仅当

$$g\left(\frac{\pi}{2}\right)=1-\frac{\pi}{2}c\geqslant 0, \text{即} 0 < c \leqslant \frac{2}{\pi}。$$

综上所述,当且仅当 $c\leqslant\frac{2}{\pi}$ 时,$g(x)>0$ 对任意 $x\in\left(0,\frac{\pi}{2}\right)$ 恒成立;当且仅当 $c\geqslant 1$ 时,$g(x)<0$ 对任意 $x\in\left(0,\frac{\pi}{2}\right)$ 恒成立。所以若 $a<\frac{\sin x}{x}<b$ 对任意 $x\in\left(0,\frac{\pi}{2}\right)$ 恒成立,则 $a$ 的最大值为 $\frac{2}{\pi}$,$b$ 的最小值为 1。

(四)转换与化归思想

所谓转化与化归思想,就是在研究和解决有关数学问题时,采用某种手段将问题通过变换使之转化归结为在已有知识范围内可以解决的一种方法。在数学中,一切问题的解决都离不开转化与化归,而且数形结合思想体现了数与形的转化;函数与方程思想体现了函数、方程与不等式之间的相互转化;分类讨论思想体现了局部与整体之间的相互转化。以上三种思想方法都是转化与化归思想的具体体现,各种变换方法、分析法、反证法、待定系数法、构造法等都是转化与化归思想的体现,所以说转化与化归思想是数学思想方法的灵魂。

(2014·新课标全国 Ⅰ)设 $\alpha\in\left(0,\frac{\pi}{2}\right)$,$\beta\in\left(0,\frac{\pi}{2}\right)$,且 $\tan\alpha=\frac{1+\sin\beta}{\cos\beta}$,则( )。

A. $3\alpha-\beta=\frac{\pi}{2}$      B. $2\alpha-\beta=\frac{\pi}{2}$

C. $3\alpha+\beta=\frac{\pi}{2}$      D. $2\alpha+\beta=\frac{\pi}{2}$

解析:由 $\tan\alpha=\frac{1+\sin\beta}{\cos\beta}$,得 $\frac{\sin\alpha}{\cos\alpha}=\frac{1+\sin\beta}{\cos\beta}$,即 $\sin\alpha\cos\beta=$

$\cos\alpha + \cos\alpha\sin\beta。$

$\therefore \sin(\alpha-\beta) = \cos\alpha = \sin\left(\dfrac{\pi}{2}-\alpha\right)。$

$\because \alpha \in \left(0, \dfrac{\pi}{2}\right), \beta \in \left(0, \dfrac{\pi}{2}\right),$

$\therefore \alpha-\beta \in \left(-\dfrac{\pi}{2}, \dfrac{\pi}{2}\right), \dfrac{\pi}{2}-\alpha \in \left(0, \dfrac{\pi}{2}\right)。$

$\therefore$ 由 $\sin(\alpha-\beta) = \sin\left(\dfrac{\pi}{2}-\alpha\right)$，得 $\alpha-\beta = \dfrac{\pi}{2}-\alpha,$

$\therefore 2\alpha-\beta = \dfrac{\pi}{2}。$

## 三、非智力因素对发展学生运算能力的影响

不良的数学学习习惯会影响学生运算能力的发展，降低他们的综合能力，笔者根据多年的授课经验，认为大部分高中生在数学学习中存在以下三种不好的习惯。

第一，不良的审题习惯。在高中，有四分之一的学生对学习抱着应付的态度，没有认真审题，在计算中就会出现因为审题粗心而算错的情况，从而降低学习成绩。很多的学生拿到题就开始写，从不仔细审题，也不会做过多思考，因此会因为某一条件的忽略而导致错误的运算结果。

第二，没有有效使用错题本、草稿纸的习惯。笔者所教授的班级大约三分之一的学生没有坚持使用错题本，也没有草稿纸。高中数学是一门运算量非常大的科目，学生在遇到错题时不能进行归纳、整理，在下次遇到同样类型的题目还是会出错。草稿纸反映的是学生运算的整个过程，如果只是在试卷上随手写，当出现错误时就没有再反过头来检查错误的机会了。

第三，意志品质薄弱。对于压轴的大题，如果缺乏良好的意志品质就很难完整地做完。根据国内权威机构的统计，学生遇

到较为复杂的数学运算,如果其心理素质不过硬,就会有 40％ 的学生走一步算一步,很少能够完全算对。笔者在跟学生的交谈中也发现,在遇到复杂的问题时,他们的第一反应就是做不出来,还不如将时间放在其他问题的解答上,而这也从侧面反映了学生的意志品质薄弱。

### 四、教师对发展学生运算能力的影响

由于教师的荣誉等利益与学生的高考成绩密切相关,因此很多数学教师习惯使用题海战术来提升学生的成绩。在一些习题课中,教师会安排大量的习题而没有刻意去提升学生的运算能力,而这就导致他们学习兴趣的降低,久而久之,就会对数学产生厌恶的情绪。在讲解习题时,教师只是注重思路的训练,往往疏运算能力的培养,而完整的板书既能够清晰地展示习题的解题思路,又能够构建完整的知识体系。

总之,数学运算能力的高低将直接决定着高中生分数的高低,而它的提高也不是一朝一夕的事情,需要教师付出极大地精力。在日常教学过程中,教师要引导学生熟练掌握基础知识、灵活应用数学思维、发散解题思路,从而提升数学运算能力。因此,教师要关注每一节课程,关注每一道试题,还要将数学运算能力的培养真正落实在日常教学中的点点滴滴。

## 第四节 提升高中学生运算能力的教学方法

笔者根据多年的教学经验,发现影响高中生的运算能力有多种因素,在培养他们运算能力时需要从以下四个方面入手。

### 一、重视数学基础,提升学生基本运算技能

高中数学教材是学生形成知识体系的基础,教师在日常的

教学中要充分利用数学教材，并且在教学的过程中对一些繁、难、旧的知识做适当删减和补充。数学概念、公式和定理等是进行数学运算的基础，学生如果不能牢记相关基础知识，就会严重地影响运算速度和正确度。数学运算的熟练性主要表现在能迅速、合理、准确地进行运算。但是，笔者所教的班级中有部分学生只会机械地死记公式，生搬法则，从而导致运算时间变长，而且不能得到正确的运算结果。

例如，在三角函数中，诱导函数总共有 16 个，如果一味地进行死记，学生很难全部记忆并且灵活应用。根据公式的特点，笔者将一到四公式的口诀归纳为"奇变偶不变，符号看象限"，五和六的公式概括为"函数名改变，象限定正负"，将所有的公式中角的形式总结为 $\dfrac{n\pi}{2}\pm\alpha$ 的形式，这样做可以帮助学生简记公式，减轻他们的负担。在面对一些化简试题时，有的学生不能够快速、准确地找到解决方法，笔者就将解题步骤归纳为"负化正、大化小、化到锐角求解值"，即将角化到 $2\pi$ 以内的角，再将负角化为正角，从而用相应的公式即可求得。口诀可以帮助学生记忆教材的相关内容，同化入自己的知识体系，从而形成较为合理的解题思路，获得该拿的分数。通过口诀化的教学，学生可以轻松地解决三角函数的难题。因此，教师应通过一题多解和多题一解来帮助学生形成灵活的数学思维，以拓展他们的学习视野。

**一题多解实例** （2009·全国 1 卷）若 $\dfrac{\pi}{4}<x<\dfrac{\pi}{2}$，则函数 $y=\tan^2 x\tan^3 x$ 的最大值为 _____。

**方法一**：二次函数求最值。令 $\tan x=t$，$\because\dfrac{\pi}{4}<x<\dfrac{\pi}{2}$，$t>1$，

$\therefore y=\tan^2 x\tan^3 x=\dfrac{2\tan^2 x}{1-\tan^2 x}=\dfrac{2t^2}{1-t^2}=\dfrac{2}{\dfrac{1}{t^4}-\dfrac{1}{t^2}}=$

$$\dfrac{2}{\left(\dfrac{1}{t^2}\right)-\dfrac{1}{2}^{2}-\dfrac{1}{4}}\leqslant\dfrac{2}{-\dfrac{1}{4}}=-8。$$

方法二：二次除以一次，均值定理。令 $\tan x=t$，$\because\dfrac{\pi}{4}<x<\dfrac{\pi}{2}$，$t>1$，$\therefore y=\tan^2 x\tan^3 x=\dfrac{2\tan^2 x}{1-\tan^2 x}=\dfrac{2t^2}{1-t^2}=\dfrac{2(1-t)^2-4(1-t)+2}{1-t}=2(1-t)+\dfrac{2}{1-t}-4\leqslant-8$，当且仅当 $1-t=-1$ 时，等号成立，$\therefore y=\tan^2 x\tan^3 x$ 的最大值为 $-8$。

方法三：导数求单调性。令 $\tan x=t$，$\because\dfrac{\pi}{4}<x<\dfrac{\pi}{2}$，$t>1$，$\therefore y=\dfrac{2t^2}{1-t^2}$，则 $y'=\dfrac{4t(1-t)+2t^2}{(1-t)^2}=\dfrac{2t(2-t)}{(1-t)^2}$，$\therefore t=2$ 取得最大值为 $-8$。

多题一解的实例：若在区间 $y=x^2-ax-a^2$ 在区间 $(-\infty,1-\sqrt{3})$ 上是减函数，则 $a$ 的取值范围是多少？

变式 1：若函数 $y=\sqrt{x^2-ax-a^2}$ 在区间 $(-\infty,1-\sqrt{3})$ 是减函数，则 $a$ 的取值范围是多少？

变式 2：若函数 $y=\log_{\frac{1}{2}}(x^2-ax-a^2)$ 在区间 $(-\infty,1-\sqrt{3})$ 上是增函数，则 $a$ 的取值范围是多少？

变式 3：若函数 $y=\log_{\frac{1}{4}}(x^2-ax-a^2)$ 在区间 $(-\infty,1-\sqrt{3})$ 是增函数，而且函数的值域为 **R**，则 $a$ 的取值范围是多少？

从同一个题目入手，教师通过改变题目的条件和结论，就能从浅入深、层层深化，加强知识间的联系，并提升自身的基本技能。

## 二、优化教学过程，在解题中渗透数学思想

数学解题实质是根据数学的定律及其性质，从题干的材料来推导出正确的结果，这也是一种推理过程，数学运算必须严密

周全,否则算出来的结论就不准确。因此,教师要重视和优化数学教学的过程,并在解题中渗透相应的数学思想。有些学生思维发展水平低,运算能力差,推理思路不明,在解决数学问题时,就只会片面思考。

函数与方程思想就是根据题干中的材料来构造函数或者方程,对问题进行正确的解答,然后通过设置未知量方程来求取未知量。在授课过程中,教师要注重这种思想的传授,并让学生能够熟练掌握这种思想,应用这些思想进行分析和解题,从而求得正确的答案。

**例** 设函数 $f(x)$ 的定义域为 **R**,对于任意的实数 $\alpha,\beta$,有 $f(\alpha)+f(\beta)=2f\left(\dfrac{\alpha+\beta}{2}\right)f\left(\dfrac{\alpha-\beta}{2}\right)$,且 $f\left(\dfrac{\pi}{3}\right)=\dfrac{1}{2}$,$f\left(\dfrac{\pi}{2}\right)=0$。

(1)求证:$f(-x)=f(x)=-f(\pi-x)$。

(2)当 $0\leqslant x<\dfrac{\pi}{2}$ 时,$f(x)>0$,求证 $f(x)$ 在 $[0,\pi]$ 上单调递减。

解析:(1)∵$f\left(\dfrac{\pi}{3}\right)+f\left(\dfrac{\pi}{3}\right)=2f\left(\dfrac{\pi}{3}\right)f(0)$,且 $f\left(\dfrac{\pi}{3}\right)=\dfrac{1}{2}$,

∴$f(0)=1$。

又∵$f(-x)+f(x)=2f(x)f(0)$,∴$f(-x)=f(x)$。

∵$f(x)+f(\pi-x)=2f\left(\dfrac{\pi}{2}\right)f\left(x-\dfrac{\pi}{2}\right)$,并且 $f\left(\dfrac{\pi}{2}\right)=0$,

∴$f(x)=f(-x)=-f(\pi-x)$。

(2)∵$f(-x)=f(x)$ 且 $0\leqslant x<\dfrac{\pi}{2}$ 时,$f(x)>0$,

∴当 $-\dfrac{\pi}{2}<x<\dfrac{\pi}{2}$ 时,$f(x)>0$。

设 $0\leqslant x_1<x_2\leqslant\pi$,则 $f(x_1)-f(x_2)=f(x_1)+f(\pi-x_2)=$

$$2f\left(\frac{x_1+\pi-x_2}{2}\right)f\left(\frac{x_1-\pi+x_2}{2}\right)$$

$\because\ 0\leqslant\dfrac{x_1+\pi-x_2}{2}<\dfrac{\pi}{2},\ -\dfrac{\pi}{2}<\dfrac{x_1-\pi+x_2}{2}<\dfrac{\pi}{2},$

$\therefore f\left(\dfrac{x_1+\pi-x_2}{2}\right)>0,f\left(\dfrac{x_1-\pi+x_2}{2}\right)>0。$

$\therefore f(x_1)>f(x_2)$，即 $f(x)$ 在 $[0,\pi]$ 上单调递减。

## 三、重视非智力因素的影响

非智力因素主要包括学生的学习兴趣、对数学的情感、个性品质等内容。

兴趣是学生最好的老师。笔者所带的班级中学习较好的学生对数学也有着浓厚的兴趣,学习数学的兴趣也影响着数学运算能力的发展,因此教师要重视学生兴趣的培养。情境教学法恰好能够有效地提升学生的学习兴趣。在实际教学中,为了使学生更好地理解教材的新知识,教师可以适当创设问题情境,并依据实际情况,营造出一种平等、互动的课堂氛围,丰富教学的内容,引导学生积极地开展学习活动。学生在情境中学习,通过观察、思考和尝试自然地进入课堂学习状态,提升自己的创新能力。教师使用情境教学法教学能够引导学生抓住问题的本质,能把过渡性问题转化成一般性问题,激发他们内心的探究欲。

学生的不良习惯会严重影响到运算能力,进而降低其对数学的感情。学生的不良习惯主要有随手写、审题不仔细等,因此笔者认为教师要注重培养学生以下两种习惯。

第一,正确审题是正确运算的前提,学生必须养成仔细、正确审题的好习惯。如已知集合 $U=\mathbf{R}$,集合 $A=\{x\mid(x-2)(x-3)<0\}$,函数 $y=\lg\dfrac{x-a^2+2}{a-x}$ 的定义域的集合为 $B$。命题 $p:x\in A$,命题 $q:x\in B$,若 $q$ 是 $p$ 的必要条件,求实数 $a$ 的取值

范围。在本题中,学生没有审清题中的内在条件,会导致运算的错误。审题需要两大条件,一是要看清楚题干材料中给出的条件;二是要审清题目的运算顺序,明确运算的步骤,然后选择合理的运算方法来解题。

第二,培养良好的打草稿习惯和制作错题本习惯。学生在草稿纸上进行勾画能够反映出整个解题的运算过程,当遇到错误时能根据草稿纸找到错误的原因。此外,整齐、清晰的草稿纸既能够给人以美感,又能够提升学生的学习信心。

### 四、强化运算训练,培养运算能力

在教学时,教师要提高学生心算、笔算和估算的能力。强化运算能力的训练是提高学生运算能力的有效途径,并且任何能力都是有计划、有目的地训练而来。教师要想提高学生的运算能力就必须加强相关的训练,精心设计题目,还要多练、多算。

在教学过程中,笔者设计了以下 16 道习题来帮助学生提高运算能力。

$(1)8\times\dfrac{5}{4}+\dfrac{1}{4}$;$(2)6\div\dfrac{3}{8}-\dfrac{3}{8}\div6$;$(3)\dfrac{4}{7}\times\dfrac{5}{9}+\dfrac{3}{7}\times\dfrac{5}{9}$;

$(4)\dfrac{3}{4}\times\dfrac{8}{9}-\dfrac{1}{3}$;$(5)20x^2-43xy+m=(4x-7y)(5x+n)$,则 $m$

=_____,$n$=_____;$(6)x^4-4x^3+4x^2-1=$_____;

$(7)\lg^2(x+10)-\lg(x+10)^3=4$;$(8)2\log_6 x=1-\log_6 3$;$(9)\lg^2 5+$ $\lg2\times\lg50$;$(10)$求关于 $x$ 的方程 $a^x+1=-x^2+2x+2a(a>0$ 且 $a\neq1$)的实数解的个数;$(11)$解对数方程:$\log_2(x-1)=$ $\log_2(2x+1)$;$(12)$解对数方程:$\log_2(x^2-5x-2)=2$;$(13)$解对数方程:$\lg(2x-1)^2-\lg(x-3)^2=2$;$(14)$解对数方程:$\lg^2 x+$ $3\lg x-4=0$;$(15)$如果 $x^2+y^2-2x+6y+10=0$,则 $x+y=$ _____;$(16)$解方程:$\dfrac{3x}{x+2}+\dfrac{2}{x-2}=3$。

# 第五节　对运算进行反思，提高运算能力

在学习中只有通过不断的反思，才能不断地改正错误，才能科学地设计运算的过程，才能提高运算的效率，才能逐渐养成良好的运算习惯。笔者就从以下三点对运算进行反思。

## 一、对运算错误原因的反思

高中生运算错误的原因很多，不会运算、粗心大意、不认真、学习态度不够端正等造成的运算错误是经常的，而教师应充分利用这种教学资源，引导学生客观地分析错误的原因，分析错解与正确解法之间的联系，从而正确利用学生错解中的合理成分来真正发挥错解在教学中的正向作用。

## 二、对运算过程的反思

在数学的教学过程中，教师不仅要关注学生能否根据概念、法则、公式、定理等正确地进行运算，还要帮助学生理解运算的算理，能够根据题目的条件寻找合理的、快捷的、正确的运算途径。

## 三、对运算结果的反思

在数学运算之后，对运算的结果进行反思，可以检验运算结果的正确性，还能检查运算结果是否符合实际。有数学，就有数学运算，运算能力已经成为影响学生能力发展的一个相当重要的方面，并且数学运算直接影响着数学的学习。因此，教师只有通过不断地发现和总结运算方法与技巧，才能提高学生的数学运算能力，才能为学生以后学好数学和提高数学素质打下坚实的基础。

# 第七章　数据分析能力的形成

　　数据分析能力是指学生收集、整理和分析数据的能力,也是学生能够从大量的数据中得到有用的信息而进一步做出判断的能力。数据分析能力是数学核心素养之一,在大数据时代,学生要能够从纷繁的数据中找到有价值的信息,从而做出正确的决策来应对到来的挑战。在日常教学中,教师培养学生的数据处理能力主要是培养学生找到有效信息,并依此来做出合理分析,最后运用计算机技术对数据进行相应的整合,判断数据间的关系,从而达到有效分析的效果。

## 第一节　高中学生数据处理能力现状调查

　　国内外的学者对数据处理能力做了一些调查,Mooncy 在研究统计思维中将统计思维分为描述数据、整理和概括数据、表示数据、分析和解释数据等,其中较为侧重数据处理的过程。国内学者则从以下四个方面进行研究:一是对数据处理概念、内涵和能力的要求进行研究;二是从考试的角度来进行研究;三是从中小学数据处理教学现状出发进行测量的研究;四是根据教学的实际情况来进行反思。

　　下面,笔者就结合张定强《高中生数据处理能力现状调查及教学启示》来探讨现阶段高中生数据处理能力的现状。在这篇论文中,张定强从兰州的两所中学各选取理、文科一个班,编制调查测试卷,对几百名学生进行了测试(如表7-1所示)。

表7-1 数据处理能力维度水平

| 水平维度 | 水平一(1分) | 水平二(2分) | 水平三(3分) |
|---|---|---|---|
| 收集、查找数据能力 | 从给定的数据中查找相关数据 | 从收集的众多数据中利用一定的方式查找相关数据 | 确定从何处、以何种方式可以查找相关数据,并能加以实施 |
| 整理、分析数据能力 | 从大量的数据中比较、选择所需的数据 | 确定选择的数据是否正确、完整 | 从选择的数据中判断数据是否有价值和有哪些利用的价值 |
| 抽取、运用数据能力 | 直接运用数据解决给定的实际问题 | 运用文字、图表和公式等对数据进行转化和解释,并对数据进行相应的组织、分类、比较和加工 | 制定数据运用的方案,并能利用数据解决相关实际问题 |

在张定强进行的实验中,对高中生数据处理能力的各个维度都进行了检测,其检测结果如表7-2所示。

表7-2 高中学生数据处理能力测试得分率分布

| | 水平较高中学 | 水平一般中学 | 样本总体 |
|---|---|---|---|
| 收集、查找数据能力 | 0.587 | 0.606 | 0.602 |
| 整理、分析数据能力 | 0.686 | 0.698 | 0.693 |
| 抽取、运用数据能力 | 0.733 | 0.710 | 0.725 |

通过对表7-2的数据分析,我们可以看到,学生抽取运用数据的能力较强,水平较高的学校和水平一般的学校在不同的方面各有所长。

表7-3　样本全体高二及高三学生测试成绩平均分标准差

| 年级 | 样本数 | 平均分 | 标准差 | 均值标准差 |
|------|--------|--------|--------|------------|
| 高二 | 152 | 7.6026 | 1.43332 | 0.11664 |
| 高三 | 187 | 8.5904 | 1.59790 | 0.11654 |

通过表7-3中的数据我们发现,高三学生的数据处理能力要明显高于高二学生,也就说明,随着年级的增长,学生的数据处理能力发生了很大的变化。

表7-4　样本全体文理科学生测试成绩平均分标准差

| 年级 | 样本数 | 平均分 | 标准差 | 均值标准差 |
|------|--------|--------|--------|------------|
| 文 | 172 | 8.4070 | 1.80239 | 0.13743 |
| 理 | 167 | 7.8862 | 1.31909 | 0.10207 |

通过表7-4中的数据来看,文理科学生的数据处理能力存在显著差异,而且文科学生的数据处理能力的平均水平要稍高于理科生。

# 第二节　高中学生数据处理能力的教学实践研究

## 一、关注学生数据处理能力形成的过程

在信息化的大数据时代,人们需要从大量的数据中找到有价值的数据以便于做出合理、恰当的解释。根据相关的调查发现,虽然高中生的数据处理能力达到了新课程标准的基本要求,

但整体数据处理能力却不能令人满意,需要引起数学教师的重视。在教学过程中,教师往往注重学生套用数据处理模式来解决问题,并非在问题中查找数据,而考查的试题也很少关注这一部分内容,久而久之,学生的内心就不重视处理数据的能力。

因此,教师在日常的授课过程中就要重视发展和加强学生数据处理的能力。第一,要培养学生对数字的直观感觉,使他们能够掌握数据处理的相关技巧和方法;第二,在授课中给予他们更多的计划,使其能够从练习中得到锻炼,从内心重视数据处理能力;第三,鼓励学生多使用计算机等现代化手段,并借助分析软件来解决一些问题,以便掌握更多的数据处理方法和手段,从而提升自身的数据处理能力。

## 二、培养学生形成良好的数据处理习惯

一个好的习惯能够使人受益终身,尤其是数据处理能力。根据上述调查可知,高中生的数据抽取能力高于整理分析和收集能力,这就表明学生并没有一个良好的数据处理习惯,不能够运用完整、合理的语言对问题进行分析和表述。针对上述问题,教师在教学中要从小处入手,并通过实例来帮助学生养成一个良好的数据处理习惯,从而真正地把握和理解数据处理的方法和技巧。

## 三、重视学生个体之间的差异

不同的学生之间存在着差异,这是不可否认的事实,如果一味地采取模式化的教学,学生间的差异性会越来越明显。学生的差异性不仅表现在不同的个体之间,还表现在同一个个体在不同的维度所具有数据处理能力的差异。因此,教师在教学中不仅要重视这些差异,还要通过采取针对性的办法来解决学生在学习中遇到的问题。如在高二年级,教师可以加强学生对基

础知识(概念、方法)的掌握和理解;在高三年级,教师可以加强学生应用数据处理能力的做题强度,对他们进行规范训练。对于不同的学生所表现出来的个体差异,教师不妨运用分层教学,通过要求不同的学生完成不同的任务,从而使每个人都能得到充分的训练。在教学过程中,笔者借助生活中的实例(如生产中工件质量问题、食品的合格问题)来训练学生数据处理能力,进而开展数据处理能力的实践教学。

## 四、注重对数据处理能力的教学反思

在授课过程中,教学的内容较为单一、枯燥,加上学生时刻需要面对海量的数据,就会造成课堂教学效果不甚理想。对此,教师应根据实际情况加入一些趣味化元素来提升学生对数据处理的兴趣,以有效地培养学生的数据意识。当题干给出的材料数据不足时,教师也可以适当地改编一些数据,同时教师还可以引导学生从一些生活渠道(如电视、报纸和网络等)来收集数据。

总之,在大数据时代的背景下,数据处理能力是每个人必须具备的一种重要能力,高中阶段恰好是形成这种能力的重要阶段。因此在此阶段中,教师要引导学生形成良好的数据应用意识,养成良好的数据处理习惯,从而能够顺利地解决遇到的实际问题。

# 第八章　高中数学教材落实核心素养的建议

在教学活动的实践中,教师要关心如何发展学生的核心素养,这与旧有的传统教学理念有何区别? 如何解释新理念? 要想讨论在高中数学教学中如何落实核心素养,在旧有的教学基础上来创新,以得到理想的教学方法,笔者认为应从以下四个方面来提升学生的核心素养。

## 第一节　数学教材的教育性

数学教材的目的是为了育人,教育性是教材的根本。《教育部关于全面深化课程改革　落实立德树人根本任务的意见》指出,经济全球化深入发展,信息网络技术突飞猛进,各种思想文化交流交融交锋更加频繁,学生成长环境发生了深刻变化。青少年学生思想意识更加自主,价值追求更加多样,个性特点更加鲜明。国际竞争日趋激烈,人才强国战略深入实施,时代和社会发展需要进一步提高国民的综合素质,培训创新人才。这些时代的变化和需求对学生的要求更高,也要求教师的教学更具"教育性"。从顶层设计来看,教材的"教育性"主要体现在"发展学生核心素养"上,因此广大教师要积极开展数学教学落实核心素养的要求,还要体现教材的先进性和教育性。

笔者根据多年的教学经验,认为要从以下两个方面落实教材的教育性,一是构建数学核心素养双向细目表,二是落实核心素养的操作指南。

在学习核心素养的过程中,教师应当紧密结合数学教材,深入挖掘数学的本质,解读数学核心素养体系,梳理得到与教材各个章节相对应的核心素养细目表。这样做的原因是上轮课改中的三维目标落实不佳。在三维目标中,教师注重教学的实践,忽略了过程和方法、情感态度与价值观,从而导致在三个维度中并没有形成一个统一、有机的整体。虽然专家给出了三维目标的原则和方法,但并没有确定如何在具体学科中去落实。在教学中,教师无法深度掌握课程教学的目标,在实践中存在着课程目标无法落实的情况,从而极大地削弱了新课程改革的效果。当前,数学核心素养要以育人为主要目标,教师对此不太熟悉。在官方文件的指导下,数学教师应该结合教材的内容来解读核心素养,并结合每一条来设计实例。笔者认为,这是实现教书育人目标的首要环节,而且教材的编制者不应当仅仅停留在"理论指导"层面,还要有具体的实践操作。因此,教师要有扎实的专业功底,还要结合数学核心素养深入挖掘教材,然后从案例开始以点带面逐步完善,从而达到教书育人的目标。

双向细目表明确了各个章节要发展的核心素养重点,在此基础上,教师还要将核心素养落到实处。同时,官方文件要给出落实核心素养的操作指南,然后通过操作指南与教材的结合将核心素养转化为日常可操作的、可落实的实际行动。

总之,在教学过程中,教师要将数学教育的目标变为教书育人,并发挥数学的内在力量,要以发展学生的核心素养为指向来创设学习情境,并设计出相应的教学内容,从而培养学生自身的数学能力。

# 第二节　教材内容的科学性

科学性是教材的要求,主要是指教材要有正确的内容和连贯的逻辑,还要与实际教学相符合,经得起教学实践的检验。

## 一、教材的逻辑连贯性

教材内容必须是系统、连贯的,不能有知识的断裂,不能出现逻辑矛盾,所以就要在系统、直观的指导下来保证体系的构建,并明确教材的目标。同时,教材的逻辑性对数学核心素养的落实有着重要的影响,即培养学生的逻辑思维(从归纳和演绎两个角度出发),提升他们的逻辑思维能力,最终让学生养成实事求是的科学理性思维和科学精神。而要培养逻辑思维能力,就需要教材具备连贯的逻辑性。数学教材的概念、原理和公式都要准确,图形、术语和符号的使用都要规范,以保证教材内容逻辑的连贯性。

## 二、规范的实证性

育人的有效性是检验教材科学性的重要指标,而是否有效需要一线教师通过实践讲课来检验,这也是教材不同于学术专著的地方。通过教学实践,教师能够获知教材是否有利于培养学生的数学核心素养,能否符合社会的发展需求,并且会在本质上认识到教材的重要性,认识到教材对培养创造性人才的重要性。

# 第三节　数学教材的心理性

对于教材的编写者而言,不仅要考虑教材的科学性,还要考虑是否被使用者所接受,这就是教材的心理性。从本质上讲,教材的心理性应能够引起学生的学习兴趣,激发他们内心的探究欲,引导其开展创新性学习,最终使其成长为高素质的数学人才。

## 一、教学内容的适应性

新课程标准规定了数学教学的内容和要求,所以教材的编写者要根据标准将教材转化为可操作的内容,还要与学生的思维发展相一致,以设计与高中生相符的教学内容,还要先易后难,进而通过螺旋式上升来逐步提升学生的数学核心素养。

## 二、学习素材的现实性

随着时代的快速发展,教材的素材也要实时更新,即要考虑教材的现实性,而这也体现了教材的进步性。其中,新增内容必须要适应现代社会的发展要求,还要通过现实的素材来创设情境,引导学生更好地学习数学知识。如在讲授三角函数时,教师可以通过与其他学科(如物理)以及计算机技术的结合来讲授振动和波动的联系。这样,不仅起到了很好的教学效果,还提升了学生的探究兴趣。

## 三、与学生的认知相结合

学生要想知道自己已经学了什么,就要明白一点,即影响学习新知识的最重要的因素就是新旧知识间的关系。根据学生的已知知识出发,在旧知识的基础上进行拓展,引起他们的注意,否则,学习的内容就会让学生没有感觉,从而让学生失去学习的兴趣。根据以往的教学经验,教材在编制过程中如果不能做好初高中之间知识的衔接,就会给学生带来很大的学习负担,也造成了新课程改革很难被推进,这就需要教材的编织者进行深入反思。此外,学生的个体差异也有很大差别,教师需要关注这一点,以使不同层次的学生都能够有所提升。对于选修内容来说,教师要进行针对性地讲解,要做好弹性处理,从而使学习能力强的学生能够进行相应的拓展。

### 四、教材的可读性

教师要用学生习惯的语言来编写,通过学生能够接受的方式来将抽象化的语言表达出来。同时,教材还要从其他方面呈现出可读性,如教材内容的编排、版式内容的设计等。总之,只有深入进行课程改革,保持教学内容的可读性,才能落实发展学生的数学核心素养。随着学习内容的深化,知识间的联系也越来越广泛,教师也要在教学中渗透数学核心素养,最终形成从渗透再到应用的过程。

## 第四节　教材的专业性

教材的专业性要从编写队伍的专业性和编辑出版的专业性两个方面出发。

### 一、编写队伍的专业性

数学教材的编写是没有终点的,需要有一支专业素质高、理论水平高、热爱中小学实际教学的编写队伍来奉献。因此,稳定的教材编写队伍是保证编写专业性的重要保障。编者队伍既要能够了解学生的年龄特征、思维发展水平和认知规律,又要对高中数学现状有深入了解,特别是数学教师在课堂上讲解教材的方式以及需求。总之,编写队伍要能够从数学、教师和学生三个角度来展开编写工作,并把握教材编写的规律,最终编写出高质量的数学教材。

众所周知,高中数学教材具有很强的逻辑性和连贯性,即既要在原有的基础上不断改进，又要充分挖掘教材的潜力，还要为发展学生的数学核心素养而服务，从而使其更加符合学生的认知水平、年龄特点和生活的环境。此外，例题和习题的选择、搭配也是需要提高的地方。

## 二、编辑出版的专业性

教材编辑出版的专业性毋庸置疑，这就需要编辑队伍具有精益求精的"工匠精神"，专注于教材的品质，完善其中的细节，力求极致，做出高品质的教材。在教材编写中，编辑应当秉持专注、精益求精的态度，并将之发扬光大。

总之，通过对数学素养的认识，我们知道高中学生数学素养的提高有着极其重要的意义。在社会高度文明的今天，物质世界和精神世界只有通过量化才能达到完善的展示，而数学正是这一高超智慧成就的结晶，它已渗透到日常生活的各个领域。提高学生的数学素养，也就是提高学生适应社会、参加生产和进一步学习所必需的数学基础知识和基本技能，这是时代的需要，也是学生实现自身价值的需要。提高学生数学素养应认清应试教育体制给数学教育带来的弊端。在长期应试教育的影响下，数学教育重智轻能、重少数尖子生忽视大多数学生、重视理论价值忽视实际应用价值的现象非常严重。因此，理论与实际脱节，知识与能力脱节，就无法跟上时代的要求。

# 结 束 语

　　基础教育课程改革在世界范围内受到前所未有的重视,世界各国都非常重视调整培养目标。在《数学课程标准解读》第五章《国际数学课程改革的特点与启示》一文中阐述了数学课程改革都有以下一些共同特点:数学课程目标更加关注人的发展,关注学生数学素养的提高,数学课程目标面向全体学生,从精英教育转向大众教育,关注学生的个别差异,而不是统一模式,更加注重联系现实生活与社会;强调为所有人的数学,而不是少数人的数学;强调培养学生作为未来公民所需要的基本数学素养;强调学习有价值的数学,用发展的眼光考量数学。

　　数学素养是学生学习知识以及今后从事研究或工作所应具备的精神气质和个性特征。它体现了人格力量,是数学与品质的结晶。在数学教学大纲中明确指出,正确的学习目的,浓厚的学习兴趣,顽强的学习毅力,实事求是的科学态度,独立思考、勇于创新的精神和良好的学习习惯是培养学生数学品质素养的目标和要求。从这个意义上来讲,学生数学品质素养的培养较数学知识的传授具有更深远的意义和更大的价值。

# 参 考 文 献

[1] 顾军.高中数学核心素养的内涵及教育价值探究[J].高考,2017(27):207.

[2] 袁富强.基于高中数学核心素养的渗透教学——以《等差数列》为例[J].四川教育,2016(z1):78.

[3] 何积培.数学核心素养在课堂教学中的渗透——以《一元二次方程的解法4(公式法)》为例[J].数学大世界(下旬),2017(1):59,69.

[4] 袁志气.基于数学核心素养的小学数学教师专业素养研究[D].苏州:苏州大学,2016.

[5] 陈建新.指向数学核心素养的问题设计策略——以"一元二次方程的解法(第1课时)"为例[J].中学数学教学参考,2017(11):5-8.

[6] 王开林.让数学核心素养根植于课堂——"指数函数"的教学与思考[J].中学数学教学参考,2017(31):10-13.

[7] 梁振强.基于数学核心素养的"几类不同增长的函数模型"教学设计[J].中学数学研究,2017(9):11-12.

[8] 卢峥.高中数学教学情知互促的策略研究[D].苏州:苏州大学,2016.

[9] 何桂琴.数学核心素养在2016年高考三角函数试题

中的体现[J].中学数学教学参考,2016(36):56-58.

[10]严俊.核心素养引领下数学高效课堂的构建与实践[J].数学教学通讯,2016(33):13-14.

[11]任秀节.关于高中数学核心素养的内涵及教育价值[J].教育现代化,2017(16):0231.

[12]毕东锋.高中数学核心素养的内涵及培养策略探究[J].教育:文摘版,2017(8):359.

[13]李博.高中数学学科核心素养的内涵及教学指导[J].课程教育研究:新教师教学,2016(28):57.

[14]钱峰.高中数学核心素养的基本内涵及培养对策研究[J].文理导航,2017(32):16.

[15]胡吉蔚.精致数学概念设计,提升数学抽象素养[J].数学教学通讯,2017(9):22-23.

[16]张素婷.引入多样情境,发展数学抽象——基于数学核心素养的"数列概念"教学设计[J].中学数学,2017(19):41-43.

[17]汤忠芳.强化数学概念教学,提高学生数学素养[J].学苑教育,2011(23):38.